Die Rotzlöffel-Republik

Tanja Leitsch
Susanne Schnieder

DIE ROTZLÖFFEL-REPUBLIK

Vom täglichen Wahnsinn in unseren Kindergärten

Mit Carsten Tergast

ecoWIN

SALZBURG – MÜNCHEN

4. Auflage
© 2017 Ecowin Verlag bei Benevento Publishing Salzburg – München,
eine Marke der Red Bull Media House GmbH, Wals bei Salzburg

Medieninhaber, Verleger und Herausgeber:
Red Bull Media House GmbH
Oberst-Lepperdinger-Straße 11–15
5071 Wals bei Salzburg, Österreich

Satz: MEDIA DESIGN: RIZNER.AT
Gesetzt aus Palatino, CompactaD
Printed in Slovakia
ISBN 978-3-7110-0133-7

INHALT

Prolog: Traumjob mit Aussicht 7

Kindergärtnerin war gestern
Aus dem Alltag von Entwicklungs-
begleitern und Potenzialentfaltern 23

Idealismus versus Realität
Als Erzieherin steht man immer
mit einem Bein im Knast 39

Was uns krank macht
Um die Gesundheit von Erzieherinnen
ist es schlecht bestellt 53

Schwere Fälle
Wenn die Arbeit Einblicke
in Abgründe verursacht 69

Der Tanz ums goldene Kind
Partizipation ist alles 89

Lauter »pädagogische Happen« oder:
Illusion und Realität in der Kita-Welt 133

»Ich Chef – Ihr nix!«
Wenn die Kita-Kinder groß werden 183

In den Kitas ziehen wir unsere Zukunft groß
Was sich ändern muss 203

»Wir wären wohl mal gern …«
Zukunftsingenieurinnen 225

Anmerkungen 229

Dank 231

PROLOG: TRAUMJOB MIT AUSSICHT

Wollen Sie in einem Beruf arbeiten,
- in dem Ihre Leistung nie ausreichend ist?
- in dem Sie andauernden Störungen Ihrer Arbeitsabläufe ausgesetzt sind?
- in dem Sie Ihre Arbeit immer wieder unterbrechen müssen?
- der kein Ansehen in der Gesellschaft genießt?
- in dem Sie so gut wie keine Aufstiegschancen haben?
- der hoffnungslos unterbezahlt ist?
- in dem die Chance auf ständiges Kranksein riesengroß ist?
- in dem Sie häufig unerträglichem Lärm ausgesetzt sind?

Dann werden Sie Erzieherin!

Haben Sie schon mal solch eine Stellenanzeige gesehen, mit der eine Erzieherin gesucht wird? Nein? Natürlich nicht. Dabei wäre diese Stellenanzeige das Ehrlichste, was in den letzten Jahren über den Beruf der Erzieherin geschrieben worden wäre. Wir wissen alle, dass sie niemals erscheinen wird, doch enthält sie im Kern genau das, worüber wir als Gesellschaft dringend sprechen müssen.

Denn wir haben ein Problem. Und zwar ein großes. Das herzerwärmende Bild von der Kindergartentante, die tagein, tagaus in der Arbeit mit süßen kleinen freundlichen Kindern aufgeht, ist Geschichte. Es spukt zwar immer noch in den Köpfen von

Eltern, Großeltern und Bildungspolitikern herum, doch reicht ein Blick in die Realität von Kindertagesstätten und Krippen, um für vollständige Ernüchterung zu sorgen.

Diesen Blick wollen wir mit diesem Buch gewähren. In der Hoffnung, dass die hier geschilderten Dinge ein Weckruf sein können. Denn es ist genau dieser Blick in die Realität, hinter die Eingangstüren der Einrichtungen, in die Gruppenräume und Außenspielanlagen und nicht zuletzt in das alltägliche Leben von uns Erzieherinnen, den es braucht, um aus der Realitätsverweigerung herauszukommen.

Studien etwa zum gesundheitlichen Zustand von Kita-Personal gibt es durchaus, doch bilden diese den real existierenden Wahnsinn des Kita-Alltags mit ihren nüchternen Zahlen und Diagrammen nicht wirklich ab. Oft sind sie sogar kontraproduktiv, liest man doch aus diesen Studien letztendlich nur heraus, dass die schwache Konstitution der Erzieherinnen wohl dafür verantwortlich sein muss, dass ein Anstieg bestimmter Erkrankungen zu verzeichnen ist. Wobei wir bei diesen Erkrankungen nicht über gelegentliche Erkältungen oder Magen-Darm-Erkrankungen sprechen, die für Kita-Personal zum Alltag gehören, sondern über Dinge wie den Verlust des Gehörs, langfristig zu behandelnde Burn-out-Erkrankungen oder auch chronische körperliche Leiden, die nicht mit einem ruhigen Abend auf dem Sofa wieder verschwinden.

Der Kita-Alltag, der sich negativ auf die Gesundheit von Erzieherinnen auswirkt, sieht beispielsweise so aus wie bei Frau Lange und ihren dreijährigen Zwillingstöchtern. Frau Lange ist 29 Jahre alt. Als es für die beiden Mädchen in die Kita gehen sollte, hatte die Mutter sehr viele Fragen, und das komplette Team bemühte sich nach Kräften, diese Fragen zu beantworten. Die Fragen wurden nicht nur in der Kita selbst gestellt, sondern immer auch mal wieder telefonisch zwischendurch. Nachdem klar war, dass hier erheblicher Gesprächsbedarf bestand, wurde Frau Lange gebeten, doch einfach alle Fragen zu notieren und zu einem ausführlichen Gespräch in die Einrichtung mitzubringen. Es wurde auch ein Termin gefunden, und man setzte sich zusammen. Allerdings hatte Frau Lange bei diesem Termin plötzlich gar keine Fragen mehr, so dass sich das Gespräch in wiederholten allgemeinen Ausführungen der Kita-Leiterin erschöpfte, die sich dafür allerdings extra Zeit genommen hatte.

Parallel dazu lief die Eingewöhnungszeit der beiden Mädchen. In dieser Zeit bleiben die Eltern normalerweise etwa drei bis vier Tage in der Einrichtung dabei. Ziel ist es in der Regel, dass sie nach einiger Zeit das Kind nach dem Bringen noch kurz verabschieden und sich dann wieder auf den Weg machen. Frau Lange allerdings machte noch Wochen nach dem Start des Kita-Jahres ein Riesendrama aus der morgendlichen Abschiedszeremonie. Sie weigerte sich, einfach zu gehen, und zelebrierte den Abschied so lange, bis mindestens eines ihrer Mädchen zu weinen begann und wieder mit Mama nach Hause gehen wollte. Auch der dezente Hinweis, dass eine der beiden Kolleginnen aus der Gruppe mit nahezu 40 Jahren Berufserfahrung durchaus in der Lage sei, dafür zu sorgen, dass die Kinder morgens in den Kita-Alltag hineinfinden, fruchtete nicht. Im Gegenteil: Jeden Morgen erteilte Frau Lange beiden Erzieherinnen der Gruppe eine Liste von Anweisungen, wie mit ihren Töchtern umzugehen sei. Wenn sie weinten, sei dieses zu beachten, begännen sie zu schreien, müssten jene Dinge umgesetzt werden.

Da die Leidensfähigkeit von Kita-Mitarbeiterinnen strapazierfähig ist, ließ das Personal Frau Lange gewähren. Aus Gesprächen mit anderen Eltern erfuhren sie nebenbei, dass auch daheim die Lage kompliziert sei. So sei der Vater der Mädchen häufig beruflich unterwegs, und bei jeder neuen Dienstreise zöge Frau Langes Oma bei ihr ein, um ihr mit den beiden Kindern zu helfen. Die baldige Vermittlung eines Au-Pair-Mädchens sei geplant.

Da sich die Situation in der Kita kaum veränderte, stieg die Gereiztheit auf allen Seiten nach und nach spürbar an, bis sie schließlich in einem Vorfall gipfelte, der überflüssiger nicht hätte sein können. Wochenlang war mit einem Schild in Signalfarbe am Eingang der Kita darauf hingewiesen worden, dass die Einrichtung an einem bestimmten Tag geschlossen sei, weil ein Tag im Wald geplant war. Natürlich, wie sollte es auch anders sein, war Frau Lange eine von zwei Müttern, die an diesem Tag anrückten, um ihre Kinder in die Kita zu bringen.

Eine Kollegin, die zufällig noch etwas aus dem Büro holen musste, bekam die Szene mit. Während die zweite Mutter sich über sich selbst ärgerte, weil sie sich den Waldtag zwar notiert, aber komplett vergessen hatte, ließ Frau Lange ihrem Frust freien Lauf. Mit den Zwillingen an der Hand wandte sie sich an die arme andere Mutter, die noch neben ihr stand, und schimpfte wie ein Rohrspatz über die Einrichtung, das unfähige Personal und den allgemeinen Betreuungsnotstand in diesem Land. Auch die Erzieherin wurde noch mit einem ganzen Schwall an Vorwürfen überzogen, als sie aus dem Büro kam.

Als die ältere, erfahrene Erzieherin am nächsten Tag versuchte, den Vorfall in Ruhe mit Frau Lange zu besprechen, bestand deren Reaktion lediglich aus Wut, Schuldzuweisungen und schließlich sogar Tränen. Die Leiterin gesellte sich dazu und schlug vor, im Sinne der Erziehungspartnerschaft ein klärendes Gespräch für einen anderen Termin zu vereinbaren. Nachdem mehrere Terminvorschläge nicht passend waren, verließ eine verheulte Frau Lange die Kita, um daheim mit ihrem Mann über alles zu sprechen. Ein paar Stunden später rief sie an, und man einigte sich auf einen Termin.

Gesagt, getan. Der Termin stand an. Mutter und Vater kamen in spürbar aggressiver Stimmung in die Kita. Die Leiterin versuchte, von vornherein Schärfe aus der Begegnung zu nehmen, und machte nach einer freundlichen Begrüßung den Vorschlag, die Situation als unglücklich gelaufen abzuhaken und für kommende Gelegenheiten ähnlicher Natur eine Vorgehensweise zu finden, die weniger emotional sein sollte. Sie hatte jedoch kaum ausgesprochen, als sich ein Schwall von Vorwürfen aus dem Munde des Vaters über sie ergoss. Seine Frau und er würden mit Anschuldigungen überhäuft, dabei käme die Kita ihrer Informationspflicht nicht nach, zitiere aber seine Frau ohne Grund zum Gespräch. Und so weiter. Und so fort. Hochroter Kopf, funkelnder Blick, aggressive Körperhaltung. Und zwei erstaunte Erzieherinnen, die trotz aller bisherigen Erlebnisse nicht mit einem solchen Gesprächsverlauf gerechnet hatten. So ging das eigentlich als klärend vorgesehene Gespräch noch eine Weile weiter. Jeder neue Versuch einer vernünftigen Unterhaltung wurde mit neuen Vorwürfen und neuer Aggressivität beantwortet, bis hin zu dem Vorwurf, seine Frau werde ignoriert. Als die Leiterin vorsichtig darauf hinwies, dass dies nicht stimme, reichte ihm ein Blick in die mittlerweile tränengefüllten Augen seiner Frau, um sich noch mehr aufzuregen. Zum

Abschluss seines Vortrags erklärte Herr Lange dann der Leiterin der Einrichtung, wie man eine Kindertagesstätte ordentlich führe. Dass sie diesen Job seit 30 Jahren machte, musste er wohl irgendwie übersehen haben. Beendet wurde das Gespräch schließlich durch die beiden Mädchen, die einen Blick durch die Tür warfen. Die Zwillinge wussten, dass die Eltern in der Einrichtung waren, und forderten verständlicherweise Aufmerksamkeit. Mit einem »Ja, ich weiß, ihr wollt nach Hause, gleich sind wir hier fertig« war der Termin dann auch abrupt beendet, ohne dass es auch nur ansatzweise zu einer Form der Verständigung gekommen war. Die Unterhaltung endete also, wie sie begonnen hatte: mit Vorwürfen der Eltern an das Personal der Kita, mit kompletter Einsichtslosigkeit in deren eigenes Verhalten und mit dem Heraufbeschwören einer Atmosphäre der latenten Aggressivität.

Solche Beispiele gibt es in unbegrenzter Zahl, mit ihnen ließen sich mehrere Bücher füllen. Sie sind nicht, wie einem gerne vorgeworfen wird, Ausnahmen, über die man getrost hinwegsehen könnte, nicht der mittlerweile sprichwörtlich gewordene Einzelfall. Sie sind vielmehr mittlerweile in vielen Einrichtungen zum Regelfall geworden und machen die Arbeit als Erzieherin bisweilen unerträglich. Natürlich sind es nicht nur Eltern wie die Langes, die einen geordneten Kita-Alltag immer häufiger unmöglich machen. Es sind vor allem auch politische Entscheidungen. Getroffen werden diese von der großen Politik, deren Kenntnis der Materie vorsichtig ausgedrückt unterdurchschnittlich ist. Aufgrund dieser nicht vorhandenen Kenntnisse lassen sich diese hohen Politiker dann von Wissenschaftlern beraten, die zwar vorgeben, zur Sache zu forschen, von täglicher Kita-Arbeit aber offenbar ungefähr so viel wissen wie ein Fisch vom Fahrradfahren.

Was bei dieser Arbeit herauskommt und uns in den Wahnsinn treibt, werden wir noch genauer unter die Lupe nehmen, an dieser Stelle soll aber schon einmal eine Zahl genannt werden, um eine erste Ahnung vom real existierenden Beurteilungs- und Fortbildungswahnsinn des Systems zu vermitteln.

Diese Zahl lautet 1789. Man mag zunächst an eine Jahreszahl denken, ein historisches Ereignis, das sich Ende des 18. Jahrhunderts zugetragen hat. 1789, das wäre das Jahr der Französischen Revolution, eine bewegte Zeit also.

Tatsächlich jedoch ist die Zahl 1789 keine Jahreszahl, sie ist auch nicht revolutionär, zumindest nicht im positiven Sinne. Bewegte Zeiten indes, dafür steht sie durchaus sinnbildlich, denn bewegte Zeiten sind es ganz sicher, die wir Erzieherinnen, und mit uns Kinder, Eltern und die ganze Gesellschaft durchmachen.

1789 ist die Zahl der Kreuze, die wir als Mitarbeiter einer Kita auf zahllosen Blättern eines der Qualitätssysteme machen müssen, um den Pflichten hinsichtlich der Qualitätskontrolle in den Einrichtungen nachzukommen. 1789 Kreuze, die 1789-mal Zeit stehlen, in denen sich die Kita-Fachkräfte nicht mit denen beschäftigen, die ihnen anvertraut worden sind. 1789 kleine Momente, in denen sie ihren Kindern zwischen einem und sechs Jahren Zuwendung geben, Vertrauen bilden, Fähigkeiten entwickeln und dafür sorgen könnten, dass sich über die zwischenmenschliche Beziehungsebene die Psyche der Kinder entwickelt.

Stattdessen füllen wir Fragebögen aus, die ein Team aus Menschen entwickelt hat, die von unserer täglichen Arbeit oft so gut wie nichts wissen. Das Angebot an Qualitätssystemen ist umfangreich. Manche werden mehr, manche weniger eingesetzt. Private Institute und Akademien verdienen sich mit der Entwicklung und Publikation dieser Systeme eine goldene Nase. Für uns Erzieherinnen jedoch bedeutet das: Wir stehen jeden Tag in der Kita unsere Frau, denn Männer gibt es in diesem Beruf leider immer noch viel zu wenig, was auch der Grund dafür ist, dass wir uns in diesem Buch durchgängig für die weibliche Berufsbezeichnung entschieden haben. Wir bekommen täglich, wöchentlich, monatlich Knüppel um Knüppel zwischen die Beine geworfen, die die Ausübung unserer Kernaufgaben fast unmöglich machen.

Damit kein falscher Eindruck entsteht: Wir sind für gute Qualität in den Einrichtungen. Es soll täglich gute Arbeit mit den Kindern gemacht und dokumentiert werden. Dazu braucht es aber andere Rahmenbedingungen, wie mehr Personal, mehr Zeit und die gute und vertrauensvolle Zusammenarbeit zwischen allen Beteiligten.

Weil das so ist, ist es an der Zeit, aus dem Innenleben der Institutionen zu erzählen, in denen unsere Kinder einen nicht unbeträchtlichen Teil ihrer noch jungen Leben verbringen und die sie auf eine Schulkarriere vorbereiten sollen, die nicht minder viele Herausforderungen für alle Beteiligten zu bieten haben wird.

Die Diskussion, ob ein Kind überhaupt in den Kindergarten gehen sollte oder nicht, gibt es schon so lange, wie diese Einrichtungen existieren. Allerdings führen wir sie in einer Zeit, in der die Betreuung durch die Eltern daheim durch die Lebensumstände der meisten Menschen ohnehin keine echte Option mehr ist, nicht mehr mit so großer Vehemenz. Heute gibt es einen Rechtsanspruch auf einen Kita-Platz, und die Diskussion in den Familien dreht sich nicht darum, *ob* das Kind in die Kita gehen, sondern darum, *wie früh* es dort hingehen sollte und wie viel Zeit es dort jeden Tag verbringen kann.

Das bedeutet ganz automatisch, dass die Wichtigkeit der Einrichtungen an sich und damit auch die Wichtigkeit des dort beschäftigten Personals eigentlich extrem gestiegen sein müsste. Ersteres trifft zu,

Kitas stehen im Zentrum der öffentlichen Diskussion um frühkindliche Bildung und Betreuung. Letzteres trifft leider nicht zu. Denn Personal, das sind Menschen. Und Menschen haben zwei Nachteile: Sie haben eine Meinung, und sie kosten Geld. Aus diesem Grund versucht man, möglichst viele Betreuungseinrichtungen mit möglichst wenig Personal zu führen und dem vorhandenen Personal so viele Pistolen auf die Brust zu setzen, dass eine sinnvolle Kita-Arbeit fast nicht mehr möglich ist.

Die Ausführungen in diesem Buch sollen daher vor allem auch Verständnis bei denen wecken, die von unserer Arbeit profitieren und dafür einen oft nicht unerheblichen Teil ihres Einkommens opfern. Das sind die Eltern. Damit kein falscher Zungenschlag reinkommt: Wir haben mit ganz vielen netten, höflichen, engagierten und vor allem auch dankbaren Eltern zu tun, für die es sich lohnt, jeden Tag zur Arbeit zu fahren. Doch gerade auch diese sind eine wichtige Zielgruppe unserer Ausführungen, da sie helfen können, den Druck aufzubauen, den es braucht, tatsächlich etwas am System zu ändern. Die Zustände, welche die Arbeit mehr und mehr ad absurdum führen, müssen einer breiten Öffentlichkeit bekannt sein, damit die große Politik und die Wissenschaft aufwachen und sich darauf konzentrieren, gute Rahmenbedingungen für eine sinnvolle Arbeit mit den uns anvertrauten Kindern zu gewährleisten.

Darüber hinaus ist es allerdings auch wichtig, beispielhaft zu zeigen, wie unsere Arbeit in zunehmendem Maße auch von Elternseite torpediert und überstrapaziert wird. Aus Sicht der Eltern haben wir eine ganze Palette an Berufen abzudecken, für die es eigentlich Spezialisten gibt. Wir sind aus dieser Perspektive also nicht einfach nur Erzieherinnen, sondern wir sollen auch sein: Erziehungs- und Lebensberatungsstelle, Phyiotherapeuten, Psychotherapeuten, Therapeuten diverser weiterer Fachrichtungen, Elterncoaches, Ärztinnen, Krankenschwestern, Logopäden und vieles andere mehr.

Wir haben es mit einer Elterngeneration zu tun, die teilweise nur noch bedingt erziehungsfähig erscheint, und zwar in zweierlei Hinsicht. Diese Väter und Mütter haben große Probleme im Umgang mit ihren Kindern, die wir in der Einrichtung auffangen müssen, und sie sind auch selbst weitgehend beratungsresistent, wenn Erzieherinnen versuchen, eine andere Sicht der Dinge darzustellen. Das Beispiel von Familie Lange hat das ja bereits gezeigt.

Darüber, woher diese zunehmende Erziehungsunfähigkeit kommt, ist in den letzten Jahren viel geschrieben worden, vor allem der Ansatz des Kinderpsychiaters Michael Winterhoff in *Warum unsere Kinder Tyrannen werden* und den folgenden Büchern hat da wertvolle Hinweise zur Analyse geliefert. Er hat auch gezeigt, dass es niemals um Schuldzuweisungen geht, sondern um den Versuch, zu erkennen, warum Eltern und Kinder sich heute anders verhalten als noch vor 20 oder 25 Jahren. Da spielt das Hamsterrad eine große Rolle, in dem wir alle tagtäglich stecken. Immer mehr Stress durch äußere Einflüsse lässt viele Erwachsene kaum noch zur Ruhe kommen, sondern hält ihre Psyche in einem andauernden Erregungszustand, der sich schließlich auch auf die Kinder überträgt. In der Kita sind wir dann am Ende der Kette und bekommen sowohl den Stress der Eltern als auch dessen Auswirkungen auf das Verhalten der Kinder ungefiltert mit.

Dazu kommt, dass der ständige Informationsoverkill bei den Eltern nicht nur für eine psychische Überlastung sorgt, sondern auch ein vermeintliches elterliches Expertenwissen hervorbringt, das im Alltag zu kuriosen Situationen führt. So wie bei Curtis-Bo. Natürlich heißt Curtis-Bo in der Realität nicht Curtis-Bo, der Trend zu kreativer Namensgebung hat allerdings stark zugenommen.

Curtis-Bo, drei Jahre alt, war vor Kurzem in der Kita angemeldet worden und befand sich mitten in der Eingewöhnungsphase. Die Erzieherinnen hatten bereits bemerkt, dass seine Mutter dazu neigte, die Fäden in der Hand zu behalten, und in die Kompetenz der Mitarbeiter wenig Vertrauen setzte. Eines Morgens kam sie auf Curtis-Bos Erzieherin zu und gab ihr folgende Anweisung: »Ich möchte, dass Sie sich jeden Morgen vor Curtis-Bo hinknien, wenn Sie ihn begrüßen!« Auf die irritierte Frage, was der Sinn dieser Aktion sein solle, antwortete sie in barschem Ton, die Erzieherinnen hätten ihrem Sohn gefälligst auf Augenhöhe zu begegnen, also sei es ja wohl vollkommen selbstverständlich, dass sie vor Curtis-Bo auf die Knie fallen. Natürlich kamen diese Anweisungen nicht unter vier Augen, sondern mitten in der 25-köpfigen Kindergruppe, zu der auch Curtis-Bo gehörte. Sie können sich vorstellen, wie interessiert die anderen Kinder diese Unterhaltung verfolgten und wie manche von ihnen das gesamte Kita-Personal schon regelmäßig auf die Knie fallen sahen. Trotz langjähriger Erfahrung machen einen solche elterlichen Anwandlungen immer noch einen Moment sprachlos. Diesen Moment der Sprachlosigkeit nutzte Curtis-Bos Mutter, um in Richtung ihres Sohnes hinterherzuschieben: »Du fändest das doch auch schön, wenn du so von deiner Erzieherin begrüßt würdest, oder, Curtis-Bo?!«

Natürlich: Im ersten Moment klingt das amüsant und erzeugt ein Kopfschütteln. Wer sich allerdings klarmacht, dass solches Verhalten von Eltern stellvertretend für sehr viele Situationen in deutschen Kindertagesstätten ist, und wer dann noch selbst regelmäßig diesem Verhalten ausgesetzt ist, dem vergeht sehr schnell das Amüsement. Curtis-Bo kann mit seinen drei Jahren nichts für das Verhalten seiner Mutter.

Gleichwohl ist er diesem Verhalten täglich ausgesetzt und lernt sehr schnell, welche Rollenverteilung in seiner Eltern-Kind-Beziehung herrscht. Er ist derjenige, an dem sich alles ausrichtet, das wohlklingende Wörtchen »Augenhöhe« bedeutet konkret, dass seine Mutter sich zur Sklavin ihres Kindes macht und das in aller Konsequenz auch von den Erzieherinnen verlangt. Curtis-Bo erlebt keine erwachsene Bezugsperson, an der er sich orientieren kann, sondern einen menschlichen Spielball, der sich ausschließlich nach ihm ausrichtet. Bleibt dies so, werden auch der jugendliche und der erwachsene Curtis-Bo erwarten, dass andere Menschen nach ihrer Pfeife tanzen. Geschieht das nicht, wird protestiert, geheult, aufgegeben. Frustrationstoleranz nahe null.

Das alles ist schon lange nicht mehr lustig. Nicht für die Erzieherinnen, die in diesem täglichen Wahnsinn arbeiten müssen und dabei langsam aber sicher vor die Hunde gehen. Nicht für die Kinder, denen sie kaum noch gerecht werden können und die in den ersten sechs Jahren ihres Lebens bereits Entwicklungsverzögerungen erfahren, die ihnen ein Leben lang Probleme bereiten werden. Nicht für die vielen Eltern, die sich redlich Mühe geben, gute Eltern zu sein und mit der Wahl der Kita versuchen, ihrem Kind eine optimale Zeit außerhalb der Familie zu verschaffen, in der es vielfältige Anregungen bekommt, lernt, mit anderen Kindern umzugehen, und nicht einfach nur verwahrt wird. Und auch nicht für uns alle als Gesellschaft, die mit den Kindern, die unsere Einrichtungen verlassen, umgehen muss: als Lehrer, als Ausbilder, als Kollege oder einfach nur als Mitmensch, weil man sich zufällig über den Weg läuft und miteinander zu tun hat.

Haben wir es also immer noch mit einem Traumjob zu tun? Die Antwort muss derzeit lauten: Nein. Und wie sind die Aussichten? Die Antwort muss derzeit lauten: Trübe. Können wir etwas tun, um die Perspektive wieder heller zu machen? Die Antwort lautet: Wir hoffen es, sonst würden wir dieses Buch nicht schreiben.

KINDERGÄRTNERIN WAR GESTERN
Aus dem Alltag von Entwicklungs- begleitern und Potenzialentfaltern

Alles, was wir hier beschreiben, ist echt, und es handelt sich nicht um die sprichwörtlichen Einzelfälle, die nichts über den Gesamtzustand eines Systems aussagen. Natürlich ist es so, dass sich Kita-Arbeit in verschiedenen Einrichtungen voneinander unterscheidet, abhängig vor allem auch vom jeweiligen Träger. Kommunale Einrichtungen arbeiten oft anders als die in privater Trägerschaft, kirchliche Häuser haben ihre eigenen Spezifika, Verbände, Elterninitiativen, Vereine, sie alle betreiben Kindertagesstätten und haben ihre individuellen Vorstellungen davon, wie es dort laufen soll.

Jedoch: Spricht man mit Erzieherinnen aus diesen verschiedenen Einrichtungen, so bekommt man immer wieder die gleichen Rückmeldungen. In der Gesamtschau ergibt sich ein einheitliches Bild vom Zustand des Kitawesens. Ein Garten Eden ist es schon lange nicht mehr.

Allein aus diesem Grund geht es hier auch nicht um eine wie auch immer geartete Form der Abrechnung mit diesem System. Ziel ist vielmehr eine ungeschönte Darstellung des Status quo von Erziehungsarbeit, gleich bei welchem Träger, um den Finger in die Wunde zu legen und damit den Weg für Verbesserungen zu ebnen.

Mit einer Verbesserung der Arbeitsbedingungen ließen sich vielleicht auch die diversen, eigentlich unglaublichen Erlebnisse besser verarbeiten, die uns immer wieder den Alltag »versüßen«. So wie die Geschichte mit Torben, jenem selbstbewussten Sechsjährigen kurz vor der Einschulung, dem andere Kinder eher egal waren.

Torben machte sich einen Riesenspaß daraus, sich auf dem Spielplatz vor die anderen Jungs hinzustellen und in drei rosa Sandförmchen zu strullern, die gerne von den Mädchen der Einrichtung benutzt wurden. Natürlich war er damit erstmal ein Held, alle anderen Jungs kicherten und bestärkten ihn in seinem Handeln.

Nachdem eine Erzieherin die Sauerei bemerkt hatte, wies sie Torben an, die Förmchen mitsamt Inhalt zur Toilette zu tragen und sein Pipi dort zu entsorgen. Im Anschluss daran schenkte sie ihm die Förmchen mit den Hinweis, niemand wolle mit Spielzeug spielen, auf das jemand Pipi gemacht habe. Außerdem sei es seine Aufgabe, neue Förmchen zu besorgen. Natürlich teilte die Erzieherin dies auch der Mutter des Jungen mit.

Am nächsten Tag kam es zum »Showdown«. Die sichtlich erregte Mutter baute sich vor der Erzieherin auf: Sie habe mit Torben gesprochen, und er habe ihr glaubhaft versichert, dass er gar nichts für diesen Vorfall könne. Das sei alles aus Versehen passiert, und überhaupt hätten ihn die anderen Jungs gezwungen, in die Förmchen zu pullern. Der Vortrag der Mutter gipfelte schließlich in der Aussage: »Der Urin meines Jungen ist rein und klar!« Mit dieser Begründung wurde der Kauf neuer Förmchen abgelehnt.

Die Erzieherin bestand allerdings auf ihrer Ansage, sie fand, dass 1,50 Euro für drei neue Förmchen durchaus zumutbar sein sollten. Als sie am nächsten Tag die Einrichtung betrat, wurde sie von der vierjährigen Schwester Torbens mit großen Augen angeschaut und mit den Worten »Du bist ja gar nicht tot!« begrüßt. »Nein, zum Glück nicht. Wie kommst du denn darauf?«, erwiderte die Erzieherin. »Naja, Mama hat gestern zu uns gesagt: ›Die ist für uns gestorben!‹ Da war ich ganz traurig. Aber jetzt bist du ja doch hier, da freu ich mich!«

Nun, Totgesagte leben bekanntlich länger, und es passiert immer wieder, dass wir unfreiwillig durch die Kinder mitbekommen, wie Eltern uns Pest und Cholera an den Hals wünschen.

In solchen Situationen fragt man sich schon mal, was für ein Bild von unserer Tätigkeit bei den Eltern besteht. Das führt uns zu der Frage: Wer sind wir, und wie wollen wir gesehen und behandelt werden?

Das Drama beginnt bereits damit, wie wir selbst uns bezeichnen. Bei der Arbeit an diesem Buch haben wir diese Frage intensiv diskutiert, denn bereits die Berufsbezeichnung ist mittlerweile ein echtes Politikum. Früher waren wir alle Kindergärtnerinnen, und kaum jemand hat etwas Negatives in diesen Begriff hineininterpretiert. Im Gegenteil, es war ein Grundvertrauen in die Fähigkeiten dieser außerhäuslichen Erziehungskompetenz vorhanden, den Kindern wurde vermittelt, dass sich hier jemand um sie kümmert, der nett und vertrauenswürdig ist und ein paar andere Spiele und Tricks kennt als Papa und Mama. Die heute despektierlich klingende Bezeichnung »Kindergartentante« beziehungsweise einfach nur »Tante« war eher eine Hommage an die Fähigkeit vieler Kindergarten-Mitarbeiterinnen, den Kindern ein Gefühl von Geborgenheit außerhalb des Elternhauses zu vermitteln. Dazu kam das Bild des Gartens, das unterschwellig auch vermittelte, dass Kinder hier »wachsen und gedeihen« konnten, dass sie gehegt und gepflegt und in ihrer bunten Vielfalt anerkannt werden.

Kindergärtnerin sagt heute allerdings fast niemand mehr, dafür ist meistens von Erzieherinnen die Rede, und auch wir benutzen diesen Begriff in unseren Ausführungen. Das ist zum einen sinnvoll, weil es eben die gängige Bezeichnung ist, zum anderen kommt damit aber auch sprachlich bereits gut zum Ausdruck, dass immer mehr Eltern heute ihre Verantwortung als Erziehende mehr oder weniger an uns abgegeben haben.

Wie stark der Job von Erzieherinnen als reine Dienstleistung angesehen wird, die beliebig in Anspruch genommen werden kann, zeigt eine kleine Anekdote aus einer Kleinstadt. Ein dort ansässiges Online-Portal hatte einen Wettbewerb ausgeschrieben, Titel: »Wer bedient Sie am nettesten?« Die Auswahl war nicht vorgegeben, vielmehr konnten Vorschläge der Nutzer eingereicht werden. Neben vielen erwartbaren Vorschlägen, etwa aus dem Bereich des Einzelhandels, schlug auch jemand eine Erzieherin des städtischen Kindergartens vor. Und tatsächlich: Diese Erzieherin gewann bei der Abstimmung haushoch! Sie war also nach Meinung der Menschen in dieser Stadt diejenige, die am nettesten »bedient«. Natürlich darf die betreffende Mitarbeiterin dieses Ergebnis als Kompliment für ihre gute Arbeit auffassen, und es ist von den abstimmenden Lesern sicher nett gemeint. Wenn man einen Moment darüber nachdenkt, offenbart sich jedoch die Denkweise, die dahintersteht. Kita-Erziehung als simple Dienstleistung, nichts anderes, als wenn jemand bei anderen die Fenster putzt, das Auto wäscht oder im Garten die Blumen pflegt.

Wir bleiben also beim Begriff der Erzieherin, obwohl neuere Konzepte zum Thema ihn bereits als überholt ansehen und alternative Bezeichnungen gefunden haben. Dort ist dann beispielsweise von »Entwicklungsbegleitern« und »Potenzialentfaltern« die Rede. Das klingt modern und toll, ist aber inhaltlich meistens kaum näher definiert und somit unbrauchbar. Es sind Begriffe aus Konzepten, von denen mit schöner Regelmäßigkeit neue Varianten auftauchen. In jedem neuen Konzept wird versprochen, die Bildung unserer Kinder zu verbessern, Kita-Arbeit auf den neuesten Stand zu bringen und Praxisbeispiele zu liefern. Das Dumme ist nur: Die meisten der Menschen, die an diesen Konzepten arbeiten, haben möglicherweise noch nie oder zumindest seit sehr langer Zeit nicht mehr in der Praxis gearbeitet. Sie kennen heutige Kitas höchstens von Kurzbesuchen oder aus Erzählungen, wollen aber genau wissen, wie alles in Zukunft zu laufen hat. Schlagworte geistern durch die Debatte: Kinderparlament etwa, oder Lernbuffet. Sehr beliebt ist natürlich auch »Partizipation«. Partizipation ist das Lieblingswort der Theoretiker. Alle möglichen Gruppen sollen beteiligt werden, vor allem Eltern und die Kinder selbst. Eltern werden regelmäßig in Elternbefragungen berücksichtigt, die Kinder bekommen immer weitreichendere Mitbestimmungsmöglichkeiten. Die Einzigen, die beim Thema Partizipation meistens vergessen wurden und immer noch vergessen werden, sind die Erzieherinnen. Liest man sich die gängigen Qualitätssysteme durch, nach denen Einrichtungen beurteilt werden und mit denen die Arbeit dort verbessert werden soll, so fällt irgendwann auf, dass das Wort »Erzieherin« in diesen Systemen selten als eigene Kategorie vorkommt. Es wird also über alles Mögliche im Zusammenhang mit frühkindlicher Bildung und mit Kita-Arbeit gesprochen, nur über diejenigen, die an der Basis die tägliche Arbeit machen, spricht man zu wenig. Kein Wort darüber, was für die tägliche Arbeit der Erzieherinnen aus ihrer Sicht wichtig ist. Kein Wort darüber, was wir brauchen, um zum Wohle aller gut und gesund arbeiten zu können. Auch deshalb ist dieses Buch wichtig.

»Fachkraft für Musik und Tanz« oder: Der Fortbildungswahnsinn

Als wir für dieses Buch recherchierten und Unterlagen zusammentrugen, befand sich auf einer Seite des Schreibtisches ein Stapel mit Unterlagen, der minütlich zu wachsen schien. »Was schichtest du da auf?«, war die Frage, und die Antwort lautete: »Das sind die Fortbildungsangebote, die allein im ersten Vierteljahr des laufenden Kita-Jahres ins Haus gesendet wurden.«

Der Stapel hatte eine beeindruckende Höhe, und so wurde uns wieder einmal ganz plastisch deutlich, was wir immer schon wussten: Der Fort- und Weiterbildungsbranche in diesem Land muss es unfassbar gut gehen.

Auf den Schreibtisch der Leitung einer durchschnittlichen Kita flattern im Durchschnitt zehn bis fünfzehn Fortbildungsangebote. Und zwar im Monat. Diese reichen von eintägigen Veranstaltungen bis zu Langzeitangeboten von zweieinhalb Jahren. Sie können sich vorstellen, dass niemand all diese Angebote wirklich wahrnehmen kann. Selbst wenn die komplette Arbeitszeit darauf verwendet würde, wären am Ende immer noch Fortbildungen übrig, die nicht absolviert werden konnten.

Auch wir haben solche Langzeitfortbildungen bereits besucht. Meistens finden diese in Form von Blockseminaren für drei oder vier Tage im Monat statt. Wenn nicht die Wochenenden einbezogen werden, ist während dieser Zeit also eine Mitarbeiterin aus dem Haus und muss zusätzlich zu den üblichen Krankheitsausfällen ersetzt werden. Sie werden in diesem Buch ausreichend Beispiele finden, an denen Sie sehen können, warum das ein Problem ist.

Indes: Fortbildung gehört zum Beruf, gerade wenn man in leitender Position tätig ist. Schließlich will man auf dem neuesten Stand sein, seinen Horizont erweitern und vielleicht die eine oder andere Erkenntnis mitbringen, die dann auch den Kollegen vermittelt werden kann. Und nicht zuletzt: Jede Fortbildung einer Erzieherin soll den Kindern zugutekommen, denn schließlich stehen die ja im Mittelpunkt der Kita. So weit, so gut. An der Menge der ständig hereinkommenden neuen Angebote lässt sich allerdings ablesen, dass hier mit dem Gießkannenprinzip gearbeitet wird, um einen Markt zu beackern, der für die Platzhirsche guten Profit verspricht. Man darf sich da nichts vormachen: Pädagogik, Kindeswohl, Jobchancen von Erzieherinnen spielen eine untergeordnete Rolle. Zuvörderst geht es darum, Konzepte und Ideen zu verkaufen. Ob die dann hinterher funktionieren oder überhaupt sinnvoll sind, steht auf einem ganz anderen Blatt.

Da gibt es ein buntes Potpourri an Qualifikationen, die Erzieherinnen und vor allem Leitungskräfte von Kitas erwerben können: »Kollegialer Berater«, »Fachkraft Übergang Kindergarten-Grundschule«, »Kultur- und Sprachmittlerin« oder »Fachkraft für Musik und Tanz« sind nur einige wenige Beispiele dafür, mit welch wohlklingenden Bezeichnungen wir uns am Ende einer solchen Fortbildung schmücken dürfen.

Toll klingt etwa auch der Begriff der »Konsultationsfachkraft«. Was das ist? Nun, man lässt sich so ausbilden, dass man hinterher in der Lage ist, andere Erzieherinnen und Leitungen anderer Einrichtungen zu bestimmten pädagogischen Konzepten zu beraten. Das macht man dann selbstverständlich zusätzlich zur normalen Arbeit, was für das Kitawesen einen großen Vorteil hat: Es spart externe Berater ein, die Geld- und Zeitaufwand bedeuten würden. Und die Expertise ist immer im Haus. Wie das zu schaffen ist, rückt da erstmal in den Hintergrund.

Die Flut dieser Angebote reißt seit Jahren nicht ab. Vor allem der PISA-Schock hat hier noch einmal für ein heftiges Anschwellen des Stroms gesorgt und eine wahre Hysterie ausgelöst. Plötzlich hatten alle Angst, dass ihre Kinder nicht oder nicht früh genug zu allem Möglichen ausgebildet würden, und um diese Ausbildung gewährleisten zu können, müssen natürlich die Kita-Fachkräfte entsprechend geschult werden.

Letztlich wird hier ein Riesengeschäft mit Ängsten gemacht. Mit den Ängsten der Kita-Träger, nicht den Ansprüchen zu genügen und vielleicht sinkende Anmeldezahlen zu haben. Vor allem aber mit den Ängsten der Eltern. Ständig wird diesen suggeriert, ihr Kind lerne zu wenig, sei nicht kompetent genug. Aus diesem Denken heraus entsteht ein Wahn, der dazu führt, dass immer mehr Kitas heute eher kleinen Ausbildungsfabriken gleichen als dem klassischen Kindergarten, in dem das Kind einfach nur es selbst sein darf und in entspannter Atmosphäre mit anderen Kindern in Kontakt kommt.

Denn es bleibt ja nicht bei den Fortbildungen und den wohlklingenden Bezeichnungen, mit denen wir Erzieherinnen uns anschließend schmücken dürfen. Daran hängt dann in der Folge der Weiterbildungswahnsinn für unsere Kita-Kinder. Die sind letztendlich die Leidtragenden der Panik, die den kompletten Bildungssektor ergriffen und von da aus auch auf die Eltern übergegriffen hat.

Wir bilden heute Kinder zu kleinen Experten aus, anstatt ihnen in der Kita einfach eine geschützte Zone zur ganz normalen persönlichen Reifung zu bieten. Da gibt es eine Fülle von unglaublich toll klingenden Bezeichnungen, die die Kinder dann stolz durch die Gegend tragen dürfen: »Der kleine Ersthelfer am Unfallort«, »Der Biobäcker im Kindergarten«, »Mini-Musikant«, »Der kleine Mülldetektiv«, und was natürlich nicht fehlen darf: »Der kleine Klimaexperte«. Die Einrichtungen sind dann ein »Haus der kleinen Forscher«, »Kita21« und bieten »Werkstattarbeiten mit Krippenkindern«. Ja, Sie haben richtig gelesen. Die Ein- bis Dreijährigen können sich neuerdings in ihrer Krippe zu echten Handwerkern ausbilden lassen. Unbedingt ein »Angebot«, das vorher gefehlt hat!

Ganz klar: Es ist sicher so, dass hinter jedem dieser Angebote eine gute Absicht steckt. Im Übrigen genau wie bei den Erwachsenenfortbildungen. Aber die Angebote sind inzwischen so umfangreich, dass der Überblick verloren gegangen ist. Und es ist noch kein Ende oder zumindest keine »kreative Pause« in Sicht.

Es gibt Kitas in Deutschland, in denen die Kinder für alles einen »Schein« machen können. Da gibt es einen »Werkstatt-Schein«, einen »Fahrrad-Schein«, einen »Konfliktlotsen-Schein«, einen »Forscher-Schein«. Diese Schein-Vergabe erinnert an ein Universitätsstudium, in dem für die angestrebten Abschlüsse Scheine erworben werden müssen. Und genau das ist auch der Hintergedanke, wenn Pädagogen auf die Idee kommen, Scheine in der Kita zu verteilen. Die Kita ist die erste Universität im Leben des Kindes. Schon mit einem Jahr kann es also heute auf die Krippen-Uni gehen und dort zahlreiche Qualifikationen erwerben, die ihm bestimmt im Leben helfen werden. Der Gedanke, dass Kinder einfach nur spielen, einfach nur Kinder sein dürfen sollten? Dieser Gedanke ist verschwunden, er wurde entsorgt und geopfert auf dem Altar des (Weiter- und Fort-)Bildungswahns. Heute wollen wir schon Vierjährige zu Konfliktlotsen ausbilden, damit sie lernen, Streitigkeiten anderer Kinder zu schlichten und zu vermitteln. Vermutlich ist der Hintergedanke, dass aus diesen Konfliktlotsen einmal hervorragende Mediatoren werden, denn auch das ist ja ein mit Recht boomender Markt.

Doch kommen wir noch einmal zurück auf die Erzieherinnen. Sollten sie nicht froh sein, dass es all diese Angebote gibt? Dass sie die Möglichkeit bekommen, sich fortzubilden und Zusatzqualifikationen zu erwerben?

Ja, grundsätzlich können sie froh darüber sein, und auch wir haben diverse dieser Angebote wahrgenommen und solche Qualifikationen erworben. Es gibt da nur ein paar kleine Schönheitsfehler bei der ganzen Sache. Denn: Was genau hat eine Erzieherin, eine Leitungskraft in der Kita eigentlich von all den Weiterbildungen? Nun, werden Sie sich vielleicht sagen, bestimmt verdient sie hinterher ein paar Euro mehr, schließlich ist sie ja höher qualifiziert als vorher. Und außerdem kommt es ihr zugute, wenn sie in eine andere Einrichtung wechseln möchte, weil sie ja zeigt, dass großes Engagement vorhanden ist.

Stimmt, so könnte man denken. Leider ist es nicht so. Auf das karge Erzieherinnengehalt wirken sich all die Fortbildungen nicht aus. Kein einziger zusätzlicher Cent fließt aufs Gehaltskonto einer Erzieherin, die über Jahre hinweg solche Angebote wahrgenommen und diverse Zusatzqualifikationen erworben hat. Im Gegenteil: Das Konto leert sich sogar, denn es ist durchaus nicht so, dass die Kosten für all diese Veranstaltungen immer komplett vom Arbeitgeber übernommen werden, auch wenn der ein massives Interesse daran hat, dass diese Dinge wahrgenommen werden. Bei vielen Fortbildungen zahlt die Erzieherin, die sie wahrnimmt, drauf. Über die Jahre kommen so schon mal vierstellige Beträge zusammen, die sie in ihr berufliches Fortkommen investiert. Nur, um hinterher festzustellen, dass das Ganze mit beruflichem Fortkommen leider so gut wie gar nichts zu tun hat.

Zumindest hat es nichts mit dem beruflichen Fortkommen innerhalb der Kita-Branche zu tun. Allerdings ist der Hintergedanke bei vielen Erzieherinnen, die solche Fortbildungen wahrnehmen, sehr wohl, dass die erworbenen Qualifikationen vielleicht helfen können, in eine andere Branche zu wechseln, wenn die Belastungen in diesem Beruf gar nicht mehr auszuhalten sind.

Während in anderen Berufen Seminare besucht und Weiterbildungen gemacht werden, damit man in diesem Beruf die Karriereleiter hinaufsteigen kann und fachlich immer up to date ist, dienen in unserer Branche die Höherqualifizierungen in vielen Fällen lediglich dazu, möglichst bald aus der ganzen Nummer herauszukommen. Dieser Fakt zeigt einmal mehr, wie viel falsch läuft. Das System verjagt diejenigen, die es tragen müssten. Das ist umso tragischer, da wir immer häufiger zu spüren bekommen, wie schwierig es ist, guten Nachwuchs für die Kita-Arbeit zu bekommen. Wir merken nur zu gut, dass die ersten Kinder, die psychisch auf dem Stand von Kleinkindern stehen geblieben sind, heute in die Arbeitswelt eintreten.

Dabei kommt es dann immer wieder zu Erlebnissen wie dem mit der Praktikantin Linda.

Ihr Verhalten ließ alle spüren, welche Herausforderung Praktikanten, die neben der Schule in einer Kita ihre vierjährige Ausbildung machen, manchmal für das Team sind.

Linda war 18 Jahre alt und im ersten Jahr ihrer Ausbildung zur Sozialassistentin. Am ersten Tag stellte sie fest, dass sie in der Kita keinen Handy-empfang hatte. Dass das natürlich auch für den Rest des Teams galt, war ihr herzlich egal. Sie streckte demonstrativ den Arm raus, hielt das Handy in die Höhe und rief verzweifelt: »Was soll'n das sein??! Kein Empfang!«

Die Leiterin, an solche Situationen bereits gewöhnt, antwortete ungerührt: »Du bist ja auch nicht hier, um zu telefonieren, sondern um zu arbeiten. Und jetzt wandert dein Handy bitte zu den anderen Sachen in dein Fach!« Lindas Antwort hätte auch von dem Fünf-jährigen kommen können, der neben ihr stand und die ganze Szene beobachtete: »Och, menno!!«

Ohne Handy in der Kindergruppe angekommen, wurde Linda von der Erzieherin gebeten, mit den Kindern »Mensch-ärgere-dich-nicht« zu spielen. Jedes Mal, wenn ein Kind ihre Figur aus dem Rennen warf, reagierte sie beleidigt. Beim anschließenden Tuschen fand Linda es wichtiger, ein eigenes Bild zu malen, statt den Kindern beim Anziehen der Malschürzen behilflich zu sein oder ihnen den Umgang mit Pinsel und Tusche zu zeigen.

Es dauerte nicht lange, bis die Erzieherinnen das Gefühl hatten, ein zusätzliches Kind in der Gruppe zu haben, und keine junge Erwachsene, die einen Beruf erlernen wollte.

IDEALISMUS VERSUS REALITÄT
Als Erzieherin steht man immer mit einem Bein im Knast

Der Einstieg in den Beruf als Erzieherin ist immer von Idealismus geprägt. Wie sonst sollte man sehenden Auges in eine Situation gehen, von der man seit Jahren schon hinter vorgehaltener Hand sagt, wie belastend und schwierig die Arbeit häufig ist. Zu Beginn der Tätigkeit ist einem dabei zwar die Verantwortung bewusst, die man hat, wenn man plötzlich für eine ganze Gruppe fremder Kinder zu sorgen hat. Ein anderer Aspekt wird einem jedoch erst im Lauf der Zeit durch eine Reihe konkreter Vorfälle bewusst: Die Arbeit als Erzieherin kann jederzeit juristische Auswirkungen auf das eigene Leben haben. Anders gesagt: Mit einem Bein steht man in diesem Beruf immer im Knast.

Das wird einem spätestens dann bewusst, wenn das erste Kind schwer stürzt, ohne dass es jemand verhindern kann. Wenn die Mutter dieses Kind dann wegen des Vorfalls von der Kita abmeldet, kann einem schon mal recht mulmig zumute sein. Im konkreten Fall waren immerhin drei Erzieherinnen in unmittelbarer Nähe des Kindes, sodass nicht von einer Verletzung der Aufsichtspflicht gesprochen werden konnte. Glück gehabt, so glimpflich geht es durchaus nicht immer ab.

So gab es beispielsweise den Fall einer Kollegin, die von den Eltern eines Fünfjährigen mit einer Klage bedroht wurde, weil ein anderes Kind im Sandkasten dem Sohn einen kleinen Plastikteller an den Kopf geworfen hatte. Wohlgemerkt: ein Streit unter Fünfjährigen, ein kleiner Plastikteller und keine sichtbare Verletzung. Folge in der Kita: Das »Opfer« kam weinend zur Erzieherin, die ihrer Aufgabe gerecht wurde und die Situation mit beiden beteiligten Kindern in Ruhe klärte. Damit wäre die Angelegenheit normalerweise bereinigt gewesen. Aber was ist schon noch normal?

Nachdem der Junge daheim seinem Vater von dem Vorfall erzählt hatte, nahm das Verhängnis seinen Lauf. Der Vater, als leicht cholerisch bekannt, stieg sofort auf die Barrikaden und kündigte eine Klage wegen Verletzung der Aufsichtspflicht an. Und zwar sowohl gegen die Erzieherin als auch gegen die Eltern des anderen Kindes. Die Regelung der Kita, dass Kinder in dieser Einrichtung ab und zu auch unter Aufsicht allein im Außenbereich spielen dürfen, kannte er zwar, ignorierte sie jedoch. Für ihn gab es nur seinen Sohn, der mit einem Plastikteller beworfen wurde.

Gespräche über Gespräche folgten: Der Vater und die Erzieherin. Der Vater und das gesamte Leitungsteam der Kita. Der Vater, die Erzieherin und das Leitungsteam. Die Erzieherin und die Leitung und der Anwalt. Der Vater und der Anwalt. Der Vater und andere Eltern. Andere Eltern und andere Eltern. Andere Eltern und die Erzieherin. Und immer so weiter und immer so fort.

Natürlich ging dieser Vorfall schließlich nicht vor ein Gericht, dazu war die »Substanz« des Ganzen dann doch nicht ausreichend, aber allein an den unterschiedlichen Gesprächskonstellationen können Sie schon erkennen, welch unglaubliche Unruhe solch ein Vorfall in eine Einrichtung bringt. Ein Vorfall, wie er jeden Tag in Hunderten von Kindergärten vorkommt, sorgt dafür, dass eine Erzieherin über Wochen hinweg mit dem Vorwurf leben muss, ihrer Aufgabe nicht nachgekommen zu sein, und dass eine ganze Einrichtung unter dem Generalverdacht steht, ihre Kinder nicht ordentlich zu betreuen.

Um wieder Ruhe in die Arbeit zu bekommen und die Wogen zu glätten, einigte man sich irgendwann darauf, dass das betreffende Kind künftig nur noch unter Aufsicht den Außenbereich der Einrichtung betreten durfte. Ein Fünfjähriger wohlgemerkt, in seinem letzten Kita-Jahr vor der Einschulung! Man kann sich die Erleichterung vorstellen, als dieses Kind eingeschult wurde und somit auch der Vater nicht mehr in direktem Kontakt mit der Einrichtung stand. So weit kommt es in solchen Momenten, dass das Team einer Kita froh ist, ein Kind loszuwerden. Das ist ein Gefühl, das sich sehr schäbig anfühlt, zumal wir uns natürlich alle immer dessen bewusst sind, dass die Kinder selbst am wenigsten für solche Situationen können. Der betreffende Vater zog die Diskussion über den Vorfall inklusive seiner juristischen Absichten über Monate hin und ließ sich schließlich sogar in den städtischen Elternrat für Kita-Angelegenheiten wählen, um weiterhin mitbestimmen zu können.

Was im ersten Moment wie ein besonders krasser Fall elterlicher Einmischung in die Angelegenheiten einer Kita anmuten mag, ist tatsächlich längst keine Ausnahme mehr. Juristische Auseinandersetzungen zwischen Eltern und Kindergärten sind keine Seltenheit, und längst nicht immer geht es dabei um Fälle, bei denen sofort einleuchtet, dass eine rechtliche Klärung notwendig ist.

Für die Erzieherinnen bedeutet das, dass sie jeden noch so kleinen Vorfall dokumentieren müssen, um sich im Zweifelsfall rechtfertigen zu können. Jeder Unfall, der diese Bezeichnung oft nicht einmal verdient, wird auch in ein Unfallbuch eingetragen, das Datum, Zeit, Ort, die Beteiligten und die Maßnahmen der Einrichtung detailliert aufführt. Häufig nur für den Fall, dass mal wieder ein Elternteil auf die Idee kommt, die Gerichte bemühen zu wollen, weil die Schäufelchen und Tellerchen fliegen. Angesichts der chronischen personellen Unterbesetzung und der damit einhergehenden genauso chronischen Überforderung des Personals ist eine solche Dokumentationspflicht ein weiterer Nagel im Sarg der Erzieherinnen. Und die wenigsten sind vom Schicksal so begünstigt wie jene Kollegin, die die eben beschriebene Problematik regelmäßig auf den Kopf stellte. Bei ihr war es nämlich so, dass ihr regelmäßig Kinder »abhandenkamen«, weil es ihr wichtiger war, mit Designerbrille in der Sonne zu sitzen, am Teint zu arbeiten und gleichzeitig mit dem attraktiven Kollegen zu flirten. All das nahm sie mehrfach so in Beschlag, dass es zu anstrengend gewesen wäre, auch noch auf die ihr anvertrauten Kinder zu achten. Was diese in mehreren Fällen nutzten, um abzuhauen. Zum Glück fanden die Kolleginnen alle Kinder wohlbehalten wieder, meist bei ihren in der Nähe befindlichen Elternhäusern, wo sie friedlich im Garten spielten. Der nachlässigen Kollegin indes passierte gar nichts. Kein wütender Vater, kein Anwalt, nicht einmal ein klärendes Gespräch. Auch das gibt es.

Doch zurück zu den Regelfällen. Denn genau davon müssen wir heute sprechen. Zu viele Kinder, zu wenig Personal, zu viel Aufwand und Aufgaben jenseits der eigentlichen Kinderbetreuung, das ist der Alltag, und dieser Alltag führt immer wieder zu Situationen, in denen das Kindeswohl akut gefährdet ist. Wenn Erzieherinnen diese Lage erkennen, sind sie rechtlich verpflichtet, ihren Arbeitgeber mit konkreten Beispielen über die Sachlage zu informieren. Zu diesem Zweck schreiben sie eine sogenannte Gefährdungsanzeige. Allerdings nur, um zu erfahren, dass dies in der Regel ein rein formaler Vorgang ist, der niemanden wirklich zu interessieren scheint.

Der Aufwand für eine solche Gefährdungsanzeige ist allerdings erheblich. Der Sachverhalt muss geschildert werden, die Ursachen und die Folgen müssen benannt werden, und schließlich gilt es, Vorschläge zur Veränderung zu machen und die Tätigkeiten aufzuzählen, die nicht mehr in vollem Umfang geleistet werden können. Über all das sind die Vorgesetzten zu informieren.

Um zu zeigen, wie groß der Aufwand für eine solche Gefährdungsanzeige ist, dokumentieren wir hier im Folgenden eine echte Anzeige, die uns eine Kollegin zukommen ließ.

Hiermit erfüllen wir unsere Pflicht zur Information. Aufgrund dessen machen wir, die Mitarbeiter der Kita, auf folgende Sachverhalte aufmerksam:

- Seit August 2013 können aufgrund gesetzlicher Änderung fünf Wickelkinder aufgenommen werden. Heute ist es 1 Wickelkind, d.h. wenn eine Erzieherin wickelt, ist die andere mit 22 Kindern alleine; bei potenziell 5 Kindern wäre das eine entsprechend sehr viel längere Zeit; Die Wickelmöglichkeit ist im Waschraum einer anderen Gruppe (entsprechende Entfernung zum Gruppenraum).
- Februar 2014: 2 Kinder erleiden Verbrennungen, das heißt, beide Erzieherinnen müssen zeitgleich Erste Hilfe leisten;

21 Kinder unbeaufsichtigt; danach telefonische Info an Eltern im Büro, da kein gruppeneigenes Telefon vorhanden, das heißt, 1 Erzieherin ist mit allen Kindern alleine.

- Allgemein: Elterngespräche mit einer Erzieherin führen oft dazu, dass eine Erzieherin mit allen Kindern alleine ist (Entwicklungsgespräche, Aufnahmegespräche und so weiter)
- Einnässen von vielen Kindern: 1 Erzieherin hilft beim Umziehen, die andere muss den Boden wischen und desinfizieren und ist auch nicht permanent anwesend und wenn, dann ist sie mit allen Kindern alleine.
- Kinder übergeben sich: 1 Erzieherin ist mit der Reinigung des Kindes und Umziehen beschäftigt, leistet Erste Hilfe, die andere wischt und desinfiziert den Boden; 22 Kinder sind sich selbst überlassen; die erste zurück mit Kind in der Gruppe, die zweite ruft die Eltern an, das heißt die andere ist alleine mit allen Kindern.
- Bei jedem Telefonat ist die andere Kollegin alleine.
- Bei allen Büroangelegenheiten ist die andere Erzieherin alleine.
- Wenn ein Kind krank wird und die Gruppe draußen ist, muss eine Erzieherin mit dem Kind rein und mit den Eltern telefonieren, das heißt, das kranke Kind ist zwischenzeitlich alleine. Bis das Kind abgeholt wird, ist die andere Erzieherin alleine draußen.
- Ausruh-/Vorlesezeit: 1 Erzieherin hat Pause, die andere ist mit allen Kindern alleine.
- Essen: 1 Erzieherin hat Pause, die andere ist alleine.
- Lärm im Haus durch fehlenden Schallschutz, vor allem in der teiloffenen Zeit durch aktuell ein schwerhöriges Kind in der Gruppe bedeutet enorme Lärmbelastung (ermittelte Lautstärke entspricht der eines Düsenjets und ist somit Körperverletzung): Stress = Angriff aufs Immunsystem = häufige Erkrankung und zum Teil auch Hörschäden für Kinder und Erzieherinnen; wichtig zukünftig für das Thema Inklusion.
- Für Gespräche mit Eltern, Fachleuten (Lehrer, Ärzte, Jugendamt, AWO und so weiter) steht kein eigener Raum

zur Verfügung, das heißt für 107 Elterngespräche und die anstehenden Fachgespräche innerhalb eines Jahres muss der Personalraum genutzt werden, der dann für Pausen, Vorbereitungszeiten und so weiter von den 16 Mitarbeiterinnen nicht genutzt werden kann.

Dieser Sachverhalt führt zu diesen Folgen:

- keine Betreuung, Erziehungs- und Bildungsarbeit möglich (Bildungs- und Orientierungsplan).
- keine individuelle Förderung möglich.
- Aufsichtspflicht kann nicht erfüllt werden.
- Kinder können nicht rechtzeitig gewickelt oder frisch angezogen werden.
- Kinder können bei Verletzungen nicht erstversorgt werden.
- Extremer Stress durch Überlastung.
- Es können Hörschäden entstehen.
- Häufige und dauerhafte Erkrankungen sind die Regel.
- Keine Pausen, keine Erholungsräume möglich.

Die Vorgesetzten wurden über die Situation informiert. Eine kurzfristige organisatorische Umstrukturierung zur Beseitigung oder Kompensation war aus folgenden Gründen nicht möglich:

- Personalmangel
- Mängel in der Ausstattung
- Raum- und Platzmangel
- Finanzlage des Arbeitgebers

Zugleich unterbreiten wir folgende Vorschläge, um zukünftig unmittelbaren Gefahren für die Sicherheit und Gesundheit der Kinder und Mitarbeiterinnen vorzubeugen:

- kleinere Gruppen
- mehr Erzieher pro Gruppe
- mehr Erzieher pro Einrichtung
- Wickeltische in jedem Badezimmer
- Sichtfenster im Badezimmer zur Gruppe hin

- Telefone für jeden Funktionsraum
- Handys für Ausflüge
- Lärmschutzdecken in allen Räumlichkeiten
- An- und Umbau der Einrichtung

Ungeachtet der organisatorischen Probleme werden wir unsere Arbeit weiterhin mit größtmöglicher Sorgfalt erledigen. Wir machen darauf aufmerksam, dass folgende Tätigkeiten voraussichtlich nicht oder nur teilweise erledigt werden können und die Betreuung, Bildung und Erziehung der Kinder nicht in vollem Umfang erfüllt werden kann:

- Betreuung der Kinder
- Erziehung der Kinder
- Bildungsarbeit
- Hygienische Versorgung
- Notfallversorgung
- Soziales Miteinander
- Stressfreie Atmosphäre
- Kommunikation untereinander
- Elternarbeit
- Netzwerkarbeit
- Dokumentation
- Transparenz unserer Arbeit gegenüber den Eltern

Um einen reibungslosen Dienstablauf und die angemessene Betreuung, Bildung und Erziehung der Kinder auch in den oben geschilderten Situationen zu gewährleisten, bitten wir Sie, uns konkret mitzuteilen, wie die gefahrgeneigte Situation beendet werden kann beziehungsweise welche Aufgaben vernachlässigt werden sollen.
Gleichzeitig ist die Gefährdungsanzeige als Entlastungsanzeige im Falle eines eintretenden, vom Arbeitnehmer nicht fahrlässig verschuldeten Schadensfalles zu werten. Aufgrund der geschilderten Tatschen weisen wir darauf hin, dass uns bei einer derartigen Gefährdung das Erbringen der erforderlichen Arbeitsleistung nicht möglich ist.

Diese Anzeige wurde im Frühjahr 2014 abgeschickt. Sie liest sich wie ein »Was ist was« der Probleme in Kindertageseinrichtungen, und vieles davon werden Sie an verschiedenen Stellen im Buch in anderen Zusammenhängen wiederfinden. Bis zum Redaktionsschluss dieses Buches, also zweieinhalb Jahre später, war die einzige schriftliche Reaktion darauf eine Eingangsbestätigung. Antwort? Fehlanzeige! Geändert hat sich in den Räumlichkeiten lediglich eins: Es wurde eine partielle Schallisolierung in den Gruppenräumen angebracht. Nur in den Gruppenräumen wohlgemerkt, weitere Funktionsräume und der Flur der Einrichtung wurden nicht angetastet. Was heißt das konkret? Ganz einfach: Der Arbeitgeber der Erzieherinnen in dieser Kita nimmt es hin, dass die Aufsichtspflicht fortlaufend nicht gewährleistet ist, dass Kinder nicht zeitnah gepflegt werden können, wie es etwa beim Wickeln der Fall ist, dass Kinder keine angebrachten und notwendigen Bildungsangebote erhalten und insgesamt nicht ausreichend betreut werden können. Weiterhin scheint es ihm egal zu sein, dass die Erzieherinnen regelmäßig allein arbeiten, dass sie aufgrund der Lärmbelastung körperlich und psychisch erkranken und ganz allgemein den Betrieb der Einrichtung kaum vernünftig aufrechterhalten können.

Dieses Beispiel ist nur eins von vielen in Einrichtungen quer durch die Republik und auch unabhängig vom Träger der Kita. Trotzdem passiert in manchen Fällen wenig oder gar nichts. Dazu kommt, dass Eltern in vielen Fällen von solchen Dingen kaum etwas erfahren. Die Vorfälle werden unter der Decke gehalten, und eine Erzieherin, die sie öffentlich ansprechen würde, müsste in vielen Einrichtungen befürchten, dass sie dort dann keine lange Verweildauer mehr hätte. Allerdings gibt es immer mal wieder welche, die sich dann doch trauen, so wie diese Erzieherin in einem Interview mit DIE ZEIT im November 2014:

»*Es wäre gelogen, zu sagen: Wir kommen hier jeden Tag raus und verfluchen den Tag. Wir haben gelernt, die schönen Augenblicke auch mit nach Hause zu nehmen. Es gibt aber auch Tage, an denen ich am Ende nicht weiß, wie ich das eigentlich geschafft habe. Da habe ich das Gefühl, ich werde den Kindern nicht gerecht und auch meiner Arbeitseinstellung nicht. Und solche Tage werden häufiger. Wenn es dann vom Senat heißt, für die nächsten Jahrzehnte sei alles getan für die Erzieher, dann fragt man sich: Was genau wurde denn für uns Erzieher getan? Und wie soll das die nächsten Jahrzehnte funktionieren, wenn das so weitergeht?*«[1]

Auch die Demonstrationen und vor allem die Streiks, die es in den letzten Jahren verschiedentlich gegeben hat, zeigen, dass langsam aber sicher der Frust so sehr wächst, dass der Unmut in den Reihen der Erzieherinnen verstärkt nach draußen getragen wird. Die Streiks sind wiederum für viele Eltern eine kleine Katastrophe, weil deren gesamter Tagesplan wesentlich auf den Betreuungszeiten der Kinder fußt, doch leider lässt es sich nicht länger vermeiden, den Druck auf die Politik zu erhöhen. Erzieherinnen leisten erhebliche Arbeit zum Wohle der gesamten Gesellschaft, und es ist an der Zeit, dass diese Arbeit die notwendige Aufmerksamkeit bekommt. Ansonsten gehen die Erzieherinnen und mit ihnen das gesamte System der frühen Kinderbetreuung endgültig vor die Hunde. Krank ist es schon, dieses System, und in ihm wir Erzieherinnen.

Krank macht Erzieherinnen auch immer wieder das Verhalten von Eltern, für die die Autorität des Personals in der Kita überhaupt keine Rolle zu spielen scheint. So wie in dem Beispiel des sechsjährigen Tom, bei dem ein kleiner Vorfall in der Karnevalszeit ausreichte, dass seine Mutter eine bestimmte Erzieherin konsequent mit Ignoranz strafte.

Tom kam am Tag des Faschingsfestes im Kostüm der Hauptfigur des Horrorstreifens *Scream* in die Kita. Schon beim Betreten des Gruppenraums erschraken die jüngeren und ängstlicheren Kinder so sehr, dass sie sich hinter der Erzieherin versteckten. Toms Mutter schaute sich die Szene kurz an und lachte: »Na, Frau Hoppe, dann sehen Sie mal zu, dass dieser Tag auch für die Kleinen nett wird. Tom ist heute richtig wild. Viel Spaß noch!« Sie drehte sich um und verschwand. Frau Hoppe begrüßte Tom, schaute die Scream-Maske an und machte dem Jungen einen Vorschlag: »Die Maske sieht ja schon ganz schön gruselig aus. Merkst du, dass die anderen Kinder Angst vor dem Geister-Gesicht haben? Ich stelle euch gleich Schminkstifte vor den großen Spiegel und ihr könnt euch selber Gesichter malen.«

Da Frau Hoppe Tom schon lange kannte, wusste sie, dass er sich gern schminkte. Er stimmte auch sofort zu und die Maske verschwand in seinem Rucksack. So wurde der Faschingstag für alle Kinder zu einem unbeschwerten Tag ohne Angst.

Leider hatte Frau Hoppe nicht bedacht, dass das für Toms Mutter ein »Problem« war. Am nächsten Morgen wartete Toms Mutter schon auf sie. Grußlos überschüttete sie Frau Hoppe mit Vorwürfen. Das Kostüm hätte sie extra aus dem Internet bestellt. Es sei der Wunsch ihres Sohnes gewesen, sich so zu verkleiden. Er habe gestern Nachmittag geweint darüber, dass er seine Maske nicht tragen durfte. Frau Hoppe achte nicht die Persönlichkeitsrechte ihres Sohnes. »Doch«, antwortete die erfahrene Erzieherin, »ich achte die Persönlichkeitsrechte aller Kinder und in diesem Fall ging Gemeinwohl über Eigenwohl. Sie haben doch gesehen, wie erschrocken die Kinder waren.«

Das Kostüm habe aber über 35 Euro gekostet und dann verschwände es im Rucksack, konterte die

Mutter. »Weil die Maske meines Erachtens zu erschreckend für eine Kita ist«, erwiderte Frau Hoppe.

Eine Einigung konnte nicht erzielt werden, und der ganze Vorfall führte schließlich dazu, dass Frau Hoppe von Toms Mutter bis zu dessen letzten Kita-Tag nicht mehr gegrüßt wurde. Und auch Toms Verhältnis zu Frau Hoppe veränderte sich in den letzten vier Monaten seiner Kita-Zeit nur noch zum Negativen.

WAS UNS KRANK MACHT
Um die Gesundheit von Erzieherinnen ist es schlecht bestellt

Im August 2013 gab die Unfallkasse Nordrhein-Westfalen eine Studie in Auftrag. Das dazugehörige Forschungsprojekt nannte sich *STEGE – Strukturqualität und Erzieherinnen in Kindertageseinrichtungen.* Die Ergebnisse der Studie gelten als repräsentativ für Nordrhein-Westfalen, und sie lassen sich laut Aussagen der Projektleiter in der Presse auch auf andere Bundesländer übertragen. Diese Ergebnisse lassen sich in einem Satz zusammenfassen: Deutschlands Erzieherinnen sind krank.

Sie weisen sehr viel häufiger dauerhafte gesundheitliche Schädigungen auf als Frauen aus anderen Berufen, so stellt die Studie fest, und ebenfalls wenig überraschend kamen die Herausgeber der Studie zu dem Ergebnis, dass die Arbeitsfähigkeit der Erzieherinnen sinke, je schlechter die strukturellen Rahmenbedingungen in den Einrichtungen seien. Wenn man sich die Angaben in der hier zitierten Gefährdungsanzeige vor Augen hält und verdeutlicht, dass darin Zustände beschrieben sind, wie sie landauf, landab in

Kindergärten vorzufinden sind, kann man ungefähr ermessen, was das bedeutet. Die strukturellen Rahmenbedingungen sind in zu vielen der Einrichtungen bundesweit nicht einmal ansatzweise auf einem Stand, der es Erzieherinnen ermöglichen würde, ihrem Beruf in einer einigermaßen angemessenen Arbeitsumgebung nachzugehen.

Die Aufzählung der häufigsten Erkrankungen liest sich wie ein Querschnitt durch alles, was Ärzte so tagtäglich in ihren Praxen zu sehen bekommen: Muskel-Skelett-Erkrankungen, Erkrankungen der Atemwege, verschiedene neurologische Schäden und last, but not least: psychische Erkrankungen. Wortwörtlich heißt es: »Bei jeder zehnten der pädagogischen Fach- und Leitungskräfte in NRW wurde innerhalb der letzten 12 Monate ein psychovegetatives Erschöpfungssyndrom, also ein Burn-out, ärztlich diagnostiziert.«

Zehn Prozent dezidiert diagnostizierte Burn-outs, Stand 2013. Jeder, der in unserem Beruf arbeitet, weiß, dass die Dunkelziffer ungleich höher liegt und dass sehr viele Kolleginnen aus Scham oder Angst vor dem Verlust des Arbeitsplatzes mit ihren Sorgen und oft eindeutigen Symptomen keinen Arzt aufsuchen, sondern sich mehr schlecht als recht durch den Arbeitsalltag hangeln. Was das für die Betreuung der Kinder bedeutet, lässt sich erahnen. Hier ist ein hochexplosives Gemisch entstanden, dass durch die Abwärts-

spirale immer gefährlicher wird: Schlechte Rahmenbedingungen sorgen sowohl für suboptimale Be-
treuungsmöglichkeiten der Kinder als auch für psychische und physische Belastungen der Erzieherinnen,
letztere wiederum verschlechtern die Leistung in der
Betreuung weiter. Die kranken Erzieherinnen sind
aber auch nicht in der Lage, sich wirksam gegen die
schlechten Arbeitsbedingungen zu wehren, sodass
diese schlecht bleiben oder noch schlechter werden.
Und selbst wenn sie sich wehren (siehe Gefährdungsanzeige), passiert häufig wenig bis nichts.

In allen Einrichtungen sind Krankheiten ein Riesenthema. Wenn neue Mitarbeiterinnen ihren Dienst
antreten, kann man mit ziemlicher Sicherheit davon
ausgehen, dass diese in den ersten Monaten ihrer
Berufstätigkeit in einer Kindertageseinrichtung permanent ausfallen. Von Bindehautentzündungen über
Husten und Grippe bis hin zu Magen-Darm-Erkrankungen nehmen die unschuldigen Körper der Neuen
alles mit, was dieser Beruf zu bieten hat. Das führt
regelmäßig dazu, dass Erzieherinnen über Wochen
hinweg die einzige Kraft in einer Gruppe von 25 Kindern sind. Diese Situation stellt eine unzumutbare
Gefahr für das Personal und für die Kinder dar und
dürfte theoretisch nie entstehen. In der Praxis scheint
dies manches Mal gleichwohl wenig zu interessieren.
Hier könnte der Eindruck entstehen, dass in vielen
Fällen das Prinzip »Augen zu und durch« gilt.

Einrichtungen, die bei der Gesundheitsfürsorge strenge Regeln zu beachten versuchen, haben es schwer. So ist es sinnvoll, bei Durchfallerkrankungen eine 48-stündige Beschwerdefreiheit des Kindes zu verlangen, bevor es wieder in die Kita gebracht werden darf. Bei Verdacht auf Läuse sollte die Leitung der Kita das Einverständnis aller Eltern haben, alle Kinder auf Nissen untersuchen und den Eltern effektive Läusebekämpfung erklären zu dürfen. Zieht man solche Dinge durch, kann es schon einmal dazu kommen, dass plötzlich eine E-Mail vom Träger der Einrichtung im Postfach landet, in der darauf hingewiesen wird, dass künftig keine Atteste mehr von den Eltern verlangt werden dürfen, da diese zu teuer seien. Auch in unserer Berufslaufbahn sind solche Fälle schon aufgetreten. Unsere Nachfrage beim zuständigen Gesundheitsamt ergab in einem Fall, dass wir weiterhin Atteste verlangen sollten, denn andernfalls mache die Aufsichtsbehörde Probleme zwischen Eltern und den behandelnden Ärzten zu unseren Problemen, und das dürfe nicht sein. So viel Unterstützung bekommt man nur selten, viel häufiger fällt man uns mit Entscheidungen von oben in den Rücken und erschwert unsere tägliche Arbeit weiter. Das alles natürlich immer, ohne auch nur einmal zu fragen, was uns denn eigentlich die Probleme kosten. Bei permanentem Läusebefall in der Gruppe braucht es Läuseshampoo, Kämme, häufige Wäschen und noch viel mehr. Der Kita-Alltag hat in Sachen Gesundheit so einiges zu bieten. Der Lärm ist bisweilen unerträglich, dazu gleich noch etwas mehr. Finden viele Menschen gelben und grünen Schleim, der aus Kindernasen rinnt, schon bei den eigenen Kindern grenzwertig, so wird von Erzieherinnen erwartet, dass sie klaglos etliche fremde Kindernasen vom Sekret befreien, und zwar stets mit einem freundlichen Kindergartentantenlachen auf dem Gesicht. Hat ein Kind morgens in der Einrichtung Durchfall und erbricht sich dann noch direkt vor der Tür, kann es einem passieren, dass man sich bei Benachrichtigung der Eltern anhören darf, der Kleine habe doch nur »seine Milch morgens zu schnell getrunken«. Also bitte nicht so anstellen, warum sollte das Kind abgeholt werden?! Kinder, die um 9:00 Uhr in der Kita Fieber haben, waren so manches Mal »morgens noch ganz munter«. Mit solchen Ausreden ließe sich Seite um Seite füllen, die meisten kennt man nach einiger Zeit, allerdings sind manche Eltern auch durchaus immer wieder kreativ und überraschen die Erzieherinnen mit neuen Varianten.

Glücklich sind jene Einrichtungen, die über erfahrene Kolleginnen verfügen, die nach 30 Jahren Berufszeit gefühlt über das Immunsystem eines Stiers verfügen und so gut wie nie ausfallen. Allerdings trifft es auch die dann irgendwann einmal. So wie an jenem Tag, als eine dieser Kolleginnen ihr Frühstücksbrot auf den Tisch stellte, an dem auch der vierjährige

Michael saß, um sich noch schnell ein Wasser zu holen. Als sie aus der Küche zurückkam, lag quer über der Wurst auf ihrem Brot ein langer Nasenschnodder. Michael hatte kräftig geniest und empfing sie freudestrahlend mit dem Ausruf: »Guck mal, du hast Hatschi auf deinem Brot!« Obwohl das Frühstück umgehend im Mülleimer landete, kam die Kollegin am nächsten Tag mit einem riesengroßen Lippenherpes zur Arbeit. Irgendwann trifft es eben jeden von uns.

Um zu verstehen, dass es sich dabei nicht nur um eigentlich lustige kleine Ausnahmen handelt, über die wir großzügig hinwegsehen könnten, folgt hier ein kleiner Überblick über all das, was eine Erzieherin in einer Kindertageseinrichtung an Krankheiten so erwartet.

Dazu muss man sich zunächst etwas zum Thema Hygiene in diesem Bereich vor Augen führen. In jeder Kita gibt es natürlich Reinigungspersonal. In der Regel beschränken sich die täglichen Reinigungsvorgänge auf Fußböden, Arbeitsflächen wie Tische, Wickeltische und Ähnliches, zusätzlich eventuell noch Stuhllehnen, Türgriffe und das WC im Gruppenbereich. In manchen Einrichtungen wird dabei nicht täglich mit Desinfektionsmitteln gearbeitet. Decken und Fenster der Räumlichkeiten werden meist nur in regelmäßigen größeren zeitlichen Abständen gereinigt.

Nun spielen allerdings die Kinder jeden Tag mit diversen Dingen in den verschiedenen Räumen. Da sind Puppen, Kuscheltiere, Verkleidungsmaterialien, Decken, Kissen, Spielzeuge unterschiedlichster Art, Bücher und vieles andere. Wenig davon wird normalerweise wöchentlich gereinigt. Wenn es besonders engagierte Teams gibt, passiert es vielleicht, dass ein paar Mal im Jahr zumindest die Spielsachen komplett gereinigt werden. Erlebt haben wir das schon, mal in mühevoller Kleinarbeit mit Seifenlauge in einer Wanne, mal in mehreren Durchgängen in der Geschirrspülmaschine.

Natürlich geschahen auch diese Reinigungsbemühungen während des laufenden Betriebs, und man darf sich bei allem guten Willen des Teams durchaus fragen, welchen Sinn dieses Vorgehen hat. Wirklich etwas bringen würde das nur bei sehr regelmäßiger Reinigung. Ein- oder zweimal jährlich kann man sich im Grunde auch sparen.

Vieles also wird in den Einrichtungen kaum gereinigt, gerade auch in Krippen, in denen man es ständig etwa mit auslaufenden Windeln zu tun hat und mit sehr kleinen Kindern, die noch alles Mögliche, was sie in die Hände bekommen, auch in den Mund nehmen. Permanent befinden sich hier Viren und Bakterien auf Oberflächen von Gegenständen, die zum Teil seltener gereinigt werden.

Die Recherche hat gezeigt: Wann das Reinigungspersonal eine Einrichtung betritt, ist überall unterschiedlich geregelt, mal kommt es vor dem Kita-Beginn, mal danach. Und dann gibt es auch Einrichtungen, wo während des laufenden Betriebs gereinigt wird, und zwar nicht nur im Flurbereich, sondern auch in den Gruppen. Diese Räumlichkeiten waren in der Folge weder morgens noch abends wirklich sauber, und natürlich wurde jeder Reinigungseffekt tagsüber auch sofort wieder zerstört.

Es gibt Einrichtungen, vor allem solche mit Krippen, in denen es sinnvoll ist und auch geschieht, dass nach dem Mittagessen die Reinigungskräfte ihre Arbeit machen. Auch das ist jedoch keineswegs verpflichtend und immer vom Betreiber abhängig. Wenn man das Pech hat, als Erzieherin in einer Krippe zu arbeiten, in der das nicht der Fall ist, ist es normalerweise so, dass man selbst dafür zu sorgen hat, dass Tische, Stühle und Fußböden gesäubert werden. Dabei wird dann gerne mal tagelang mit den gleichen Spüllappen gearbeitet, weil einfach nicht mehr Material vorhanden ist, und es wird einfaches Spülmittel verwendet, das der Mischung aus Essen, Schnodder und Spucke kaum Herr wird. Desinfiziert wurde in diesen Einrichtungen nur, wenn ein Kind gespuckt oder während des Mittagessens in die Hose gemacht hatte. Wer das einmal erlebt hat, dem wird noch Jahre später nur beim Gedanken daran übel.

Ein ganz zentrales Hygieneproblem besteht beim WC-Gang. Kinder, je kleiner sie sind, schaffen es häufiger mal, danebenzupinkeln oder auch beim Stuhlgang nicht so genau zu treffen. Somit müsste normalerweise jeder einzelne dieser Vorgänge von den Erzieherinnen beobachtet und schnell eingegriffen werden, was aufgrund der Personaldecke nicht in allen Einrichtungen möglich ist. Somit werden folgerichtig von den nachfolgenden Kindern alle Keime, die der Vorgänger hinterlassen hat, erst einmal aufgenommen. Das wäre noch zu verkraften, wenn anschließend gründlich die Hände gereinigt würden. Gründlich bedeutet dabei mindestens 30 Sekunden lang bei laufendem warmen Wasser und mit Seife. Überprüfen Sie sich einmal selbst: Halten Sie diese Regeln nach jedem Toilettengang penibel ein? Viele von uns sicher nicht. Bei Kindern im Krippen- und Kindergartenalter ist die Hoffnung darauf vollkommen umsonst, selbst wenn wir Erzieherinnen es immer wieder mit Anleitungen und Aufforderungen versuchen.

Wer selbst Kinder in der Kita gehabt hat oder aktuell hat, wird auch eine weitere Diskussion aus eigener Anschauung kennen: die Zahnputzdebatte. Sollen die Kinder in der Kita die Zähne putzen oder nicht? Wenn man auch nur wenige Tage als Erzieherin gearbeitet hat, stellt man sich diese Frage nicht mehr. Kinder spielen am Waschbecken gerne herum. Besonders lustig ist es, die Finger unter das aus dem Hahn laufende Wasser zu halten, damit dieses quer durch den Waschraum spritzt. Doch nicht nur die Finger finden ihren Weg dorthin, sondern auch die Zahnbürsten werden gerne mal mit der Putzfläche direkt auf den Wasserauslass am Hahn gedrückt. Das ist allerdings nur eine mögliche Zweckentfremdung des Instruments Zahnbürste. In unbeobachteten Momenten werden damit des Öfteren Spiegel, Fliesen, Waschbecken geputzt. Und als Krönung kommt dann der Fußboden dran! Auch bei Streitigkeiten zwischen den Kindern kann es schon mal passieren, dass die Bürsten auf dem Fußboden landen, auch direkt neben der Toilette. Also dort, wo ab und an eben auch mal was danebengeht, bisweilen unbemerkt, sodass es nicht sofort weggewischt worden ist. Diese Zahnbürsten landen dann anschließend wieder im Mund eines Kindes. Manchmal vertauschen die Kinder ihre Bürsten auch, ob nun absichtlich im Spiel oder unabsichtlich, und dann landet eben eine Bürste im falschen Mund. Alles Alltag in deutschen Kindergärten und Krippen.

Sie merken schon: Das Erlernen des Zähneputzens gehört nicht in die Kita. Natürlich ist es ein wichtiger Bestandteil des Tagesrhythmus und gehört unbedingt zur Mundhygiene dazu, doch ist die Kita der falsche Ort, um diese Dinge einzuüben. Das gehört unbedingt ins Elternhaus, da hier in der Kita eher Krankheiten verursacht und verteilt werden, als dass man sie verhindern könnte. Was das Austauschen der Bürsten angeht: Auch Karies ist ansteckend!

Krach, kaputte Stühle und Psychoterror – Faktoren, die uns krankmachen

Schaut man genauer hin, zeigt sich, welche Dinge es vor allem sind, die unsere Gesundheit an unseren Arbeitsplätzen gefährden. Es gibt eine Vielzahl kleiner Gründe dafür, aber auf drei Phänomene, die den Beruf der Erzieherin zu einem der gefährlichsten überhaupt machen, wollen wir hier noch etwas näher eingehen. Die Rede ist vom Lärm, von der Arbeitsumgebung und von den verschiedenen psychischen Belastungen.

Um das zu verdeutlichen, eignet sich eine Untersuchung der Unfallkasse Hessen und der Universität Kassel, bei der Erzieherinnen in Kasseler Kindergärten mit individuellen Messgeräten ausgestattet wurden, um die Lautstärke in ihrer Umgebung aufzuzeichnen. Außerdem wurden die sogenannten »Nachhallzeiten« erhoben, um einen Eindruck von der Qualität der Raumakustik zu bekommen.

Das Ergebnis müsste den Verantwortlichen im wahrsten Sinne des Wortes in den Ohren klingen: Nur 12,5 Prozent der Einrichtungen lagen beim durchschnittlichen Geräuschpegel unter 80 Dezibel, 60 Prozent kamen auf einen Wert zwischen 80 und 85 Dezibel, und immerhin in 27,5 Prozent wurden regelmäßige Lärmbelastungen von 85 Dezibel und mehr gemessen, an der Spitze lagen diese Werte bei bis zu 110 Dezibel.

Zum Vergleich: 110 Dezibel ist in etwa ein Wert, wie er in Bereichen vorkommt, wo laute Maschinen wie etwa eine Kreissäge im Einsatz sind, und bei Werten von 85 Dezibel und mehr müsste laut Arbeitsschutzgesetz eigentlich ein Gehörschutz zur Verfügung gestellt und auch benutzt werden. Um es noch deutlicher zu machen: Seit 2005 gilt eine Arbeitsstättenverordnung, die bestimmte maximale Lärmpegel an Arbeitsplätzen vorschreibt. Diese liegen für »überwiegend geistige Tätigkeit« bei 55 Dezibel, bei »einfachen oder überwiegend mechanisierten Tätigkeiten« bei 70 Dezibel. Man muss also nicht besonders gut rechnen können, um auf den ersten Blick zu sehen, dass in annähernd 100 Prozent der Kindertageseinrichtungen ein deutlich zu hoher Lärmpegel herrscht, der von vornherein sinnvolle und zielgerichtete pädagogische Arbeit fast unmöglich macht.

Wer sich nun wundert, warum bei so offensichtlichen Zahlen nicht mehr Wert auf Schalldämmung im Bereich von Kindergärten gelegt wird, der hat sich noch nie damit beschäftigt, welche Kriterien beim Bau und bei der Ausstattung entsprechender Gebäude von Bedeutung sind. Schallschlucker wären beispielsweise Teppiche oder Vorhänge. Beides ist im Bereich von Kindertagesstätten häufig verpönt, genauso wie andere Textilien. Hier steht zum einen der Brandschutz im Wege, zum anderen die Hygiene. Stattdessen kommen harte Materialien zum Einsatz: Stein,

Fliesen, viel Glas, Parkett. Das ist leichter zu reinigen, sieht modern aus und ist hygienisch unbedenklich. Wer denkt da noch daran, dass Schall sich in solchen Räumen nur schlecht reduzieren lässt, vielmehr von den glatten, harten Materialien reflektiert wird und somit zum einen länger nachhallt und zum anderen für eine generell schlechtere Akustik der Räume sorgt?

Nun werden Sie vielleicht sagen: Dann geht doch nach draußen, da hallt nichts. Nun, auch hier stößt schnell schöne Theorie auf harte Praxis. In vielen Einrichtungen ist das Personal mit den Angeboten in den Gruppenräumen so ausgelastet, dass die Nutzung von Außenanlagen zu kurz kommt. Das führt dazu, dass die Kinder sich zum überwiegenden Teil in den Innenräumen aufhalten und durch den damit verbundenen Bewegungsmangel zum Teil auch Schwierigkeiten haben, Energie abzubauen. Ein Fakt, der sich oft in lautstarkem Verhalten äußert. Wenn dann noch mit dem üblichen Personalschlüssel gearbeitet wird und die normalen Krankenstände berücksichtigt werden, kommt es schnell dazu, dass selbst die unbedingt notwendigen Pausen für die Erzieherinnen nicht mehr ausreichend eingehalten werden können.

Lärm ist jedoch nicht einfach nur Lärm, Lärm ist vor allem auch eine Form der psychischen Belastung, womit wir den nahtlosen Übergang zum zweiten großen Bereich der gesundheitlichen Belastungen von Erzieherinnen haben. Ständiger Lärm wird vom Nervensystem unseres Organismus als Bedrohung verstanden und versetzt den Körper in einen dauerhaften Stresszustand, die Stresshormone Adrenalin und Cortisol werden ausgeschüttet. Erzieherinnen sind gewissermaßen in einem ständigen Kampf- und Fluchtschema. Bei einem dauerhaft hohen Lärmpegel fehlt schließlich die Phase, in der der Körper wieder runterfahren kann, weil die Bedrohung vorbei ist und nicht mehr gekämpft oder geflüchtet werden muss. Irgendwann kann diese hohe Belastung chronisch werden, womit sich unweigerlich psychische Schäden einstellen. Der schöne Spruch, den man manchmal auf Postkarten sieht und der in vielen Büros hängt, »Ich bin hier auf der Arbeit und nicht auf der Flucht«, ringt somit Erzieherinnen nur ein müdes Lächeln ab. Psychisch gesehen sind viele von ihnen den ganzen Arbeitstag lang auf der Flucht, und mag auch ein Großteil der Kolleginnen lange Zeit noch Möglichkeiten finden, diesen Stress abzubauen oder ihn privat auszugleichen, so spüren doch viele nach etlichen Berufsjahren, dass sie langsam ausgelaugt sind und nur noch mühsam ihren Aufgaben nachkommen können.

Doch ist Lärm natürlich nur ein Teil der psychischen Belastungen im Erzieherinnenberuf. Weitere Schwierigkeiten ergeben sich aus der Tatsache, dass der stets notwendige Kontakt zu den beiden Hauptzielgruppen der pädagogischen Tätigkeit, den Kindern und den Eltern, immer häufiger aus dem Ruder läuft. Ein Fakt, der nebenbei dann auch noch Konflikte innerhalb des Erzieherinnenteams auslösen kann.

SCHWERE FÄLLE
Wenn die Arbeit Einblicke in Abgründe verursacht

So viele Ursachen es für die angeschlagene Gesundheit von Erzieherinnen auch geben mag, die schlimmste ist immer die, die durch Fälle ausgelöst wird, in denen uns die Grenzen unserer Handlungsfähigkeit ganz deutlich aufgezeigt werden. Wir geben täglich unser Bestes, und in ganz vielen problematischen Fällen können wir irgendwann zu einer zufrieden stellenden Lösung kommen, oft in Zusammenarbeit mit den Eltern, manchmal reicht es auch, mit den Kindern alleine zu arbeiten. Doch es gibt diese Beispiele, in denen nichts zu reichen scheint und in denen manchmal auch der Beruf der Erzieherin zum Albtraum wird. Wie beim fünfjährigen Mike beispielsweise, der ein typischer Fall von Wohlstandsverwahrlosung ist, wie Erzieherinnen sie leider immer häufiger in ihren Einrichtungen zu sehen bekommen.

Wie so manches Kind wird Mike daheim zunächst wie der geborene Heiland behandelt, als Junge und erstes Kind ist er natürlich sowieso etwas ganz Besonderes. Das führt in der Familie dazu, dass ihm keinerlei Grenzen gesetzt werden. Alles wird erklärt und ausdiskutiert. Materiell bekommt Mike alles, was er will, doch das, was er braucht, bekommt er nicht: nämlich Liebe. Zwischen Mama und Papa kracht es schon immer. Er erzählt uns in der Kita, dass sie sich täglich anschreien. Nach außen allerdings präsentieren die beiden das Bild einer idealen Familie.

Mike ist von Anfang an auffällig. Er nimmt weder Augenkontakt zu uns noch Kontakt zu anderen Kindern auf. Er braucht immer eine Extrawurst, ist nicht in der Lage, sich in die Gruppe einzufügen. Als er die Streitigkeiten zwischen den Eltern nicht mehr aushält, beginnt er auch daheim Schwierigkeiten zu machen. Jeden Abend gibt es Stress in der Familie. Uns erzählt er jeden Tag, dass er sich einen anderen Papa wünscht. Häufig bricht die Mutter nun weinend vor der Gruppentür zusammen, weil sie den Stress mit ihrem Sohn nicht mehr aushält und nicht weiß, was sie tun soll. Von ihrem Mann erfährt sie keine Unterstützung. Sie ist verzweifelt.

Dann jedoch kündigt sich auch noch ein weiteres Kind an. Mikes Verhaltensauffälligkeiten steigern sich, denn nun ist seine Rolle als König zu Hause auch noch gefährdet. Er hat Angst und steht permanent unter Anspannung, da jetzt plötzlich bestimmte Aufgaben und Verhaltensweisen von ihm gefordert werden. Bisher gab es keine Regeln oder Forderungen an ihn. Das Schlimmste für ihn ist, dass er nach der Geburt des kleinen Bruders überhaupt keine Rolle mehr spielt und keine Aufmerksamkeit mehr erhält.

Der Kleine ist der neue König und steht bei den Erwachsenen ständig im Mittelpunkt. Permanent präsentiert die Mutter ihr schönes Kind im Tragetuch, und alle finden ihn so süß und pflegeleicht. Dazu lächelt er ständig. Holt die Mutter Mike aus der Kita ab, begrüßt sie ihren älteren Sohn kaum noch, sondern ist direkt im Gespräch mit anderen Eltern, um das Geschwisterchen zu präsentieren.

In der Folgezeit dreht Mike durch. Das Problem ist nicht nur, dass er von seinen Eltern vergessen wird, keine positive Aufmerksamkeit und Zuwendung bekommt. Auch alles, was er bisher durch sein Verhalten an Aufmerksamkeit errungen hat, spielt plötzlich keine Rolle mehr. Für ihn bedeutet das ganz klar, dass er auffälliger werden muss. Ab jetzt tritt und beißt er. Er bekommt Schreianfälle. Er unterwirft andere Kinder seinem Willen. Er stört die Gruppenrunde, indem er zum einen nicht bei den Aktivitäten mitmacht und zum anderen dazwischenquatscht und sich über andere lustig macht. Ein Kind schlägt er mit seiner Jacke, sodass es vom Reißverschluss im Gesicht getroffen wird.

Häufig lacht er andere Kinder aus und erteilt dann den Erzieherinnen Anweisungen: »Du wirst nicht mit meiner Mama reden.« Er tickt so aus, dass keine Klärung mit ihm möglich ist. Regelmäßig muss er den Raum verlassen. Er rebelliert auf ganzer Linie und macht sich dabei selbst zum Außenseiter. Dazu spaltet er die Gruppe, indem er sich Verbündete sucht. Auf der anderen Seite ist er unglaublich intelligent und anderen geistig weit voraus.

Er bekommt von uns klare Grenzen gesetzt und körperliche Zuwendung, indem er in den Arm genommen wird. Zwar ist dies für den Moment wirksam, aber es kostet viel Kraft und führt zu keiner nachhaltigen Entwicklung. Stattdessen beschimpft er weiterhin wüst alle Beteiligten. Die Schimpfworte stammen dabei eindeutig aus dem Wortschatz der Eltern.

Die Eltern werden zum Entwicklungsgespräch eingeladen, das die Gruppenkräfte zusammen mit beiden Elternteilen führen. Der Säuglingsbruder ist dabei. Papa macht Mama Vorwürfe, was ihr Verhalten betrifft. Sie gibt zu, einiges falsch gemacht zu haben, betont jedoch, dass er sie wiederum mit den Problemen allein lässt. Obwohl gerade alle zu Hause sind (Papa ist arbeitslos, Mama hat Elternzeit, und das Baby ist da), muss Mike täglich in die Kita. Seitdem sein Bruder geboren ist, war er noch kein einziges Mal mit allen zu Hause. Er fühlt sich ausgegrenzt und abgeschoben. Das können die Eltern nicht verstehen, denn sie haben ja auch noch Bauarbeiten im Garten laufen, und da stört Mike einfach.

Am Wochenende meinen sie es dann gut mit ihm und unternehmen viel. Doch letztendlich muss er so funktionieren, wie sie es wollen. Die Eltern werden gefragt, was sie an Mike lieben und mögen und was sie gerne mit ihm machen. Schweigen ist die Antwort. Etwas später folgt vom Vater: »Dass er so viel weiß«, und die Mutter schließt sich an: »Dass er so viel weiß und dass er so fürsorglich ist.« Was zu merken ist: Es fällt ihnen wirklich schwer, zu zeigen, dass sie ihn einfach um seiner selbst willen lieben.

Von den Erzieherinnen wird der Vorschlag gemacht, täglich zehn bis fünfzehn Minuten mit Mike allein zu verbringen – entweder beide Eltern oder jeder für sich – und ihn zu fragen, was er jetzt gerne mit Mama oder Papa machen würde. Die Mutter teilt uns kurze Zeit später entsetzt mit, dass Mike nach der Kita einfach nur nach Hause wolle. Dabei hatte sie daran gedacht, in die Eisdiele, zum Bäcker, in den Park oder zu Freunden zu gehen. Es ist ganz deutlich: Mama würde gerne mit anderen Müttern und Bekannten zusammen sein. Ihr Sohn aber möchte nach acht Stunden Kita einfach nach Hause und Ruhe haben. Leider geht sie bis heute nicht darauf ein. Auch den Vorschlag einer Familienberatung oder Therapie lehnt sie ab und in späteren Terminen gehen die Eltern auf keins der bis dato benannten Themen ein.

Sexueller Missbrauch

Die Anzahl der Fälle wie der von Mike nimmt zu, und sie machen die Arbeit oft unerquicklich. Wirklich schwierig wird es aber, wenn plötzlich Dinge auftreten, von denen niemand so richtig glauben mag, dass sie im Kita-Universum überhaupt eine Rolle spielen könnten. Doch tatsächlich haben es Erzieherinnen mittlerweile auch mit sexuellem Missbrauch zu tun. Und zwar nicht vorwiegend mit dem Missbrauch der Kinder durch Erwachsene, sondern mit Missbrauch unter den Kindern selbst. An der Tagesordnung sind solche Fälle glücklicherweise noch nicht, doch viele Kolleginnen haben irgendwann den ersten Moment, in dem sie mit diesem Thema in Berührung kommen. Eine von ihnen hat uns bei der Recherche ihre Geschichte erzählt, die wir hier mit ihren eigenen Worten dokumentieren wollen, um zu zeigen, dass es in der süßen und gemütlichen Welt der Kita bisweilen ganz und gar unsüß und ungemütlich zugeht.

»Dass Kinder von Verwandten, Bekannten oder auch Fremden sexuell missbraucht werden, ist mir bekannt. Aber unter Kindern habe ich sexuellen Missbrauch noch nicht erlebt.

Ich bin seit 14 Tagen in der neuen Einrichtung im Elementarbereich und habe Aufsicht im Außengelände, als Heidi, fünf Jahre alt, aufgeregt zu meiner Kollegin neben mir rennt und erzählt, die Jungs hätten was Schlimmes gemacht. Sie weint und erklärt, dass drei Jungs dort waren und einer den beiden anderen befohlen hat, ihr die Hose runterzuziehen und ihre ›Muschi zu lecken‹. Sie konnte sich nicht wehren, weil die beiden Jungs sie festhielten, während einer ihr die Scheide geleckt hat. Erst als die Jungs die Position wechselten, gelang es ihr, wegzurennen.

Im ersten Moment bin ich sprachlos und total überfordert. Was macht man da? Natürlich würde ich die Jungs suchen, sie zur Rede stellen und zurechtweisen. In diesem Fall übernimmt das meine Kollegin sofort, während ich bei Heidi bleibe und beruhigend mit ihr spreche.

Doch das Ganze hat natürlich ein Nachspiel. Zuerst werden die Eltern informiert und mit dem Vorfall konfrontiert. Heidis Eltern möchten am liebsten die Eltern der Jungs anzeigen, zumindest die des befehlenden und ausführenden. Der Junge, so bekomme ich nun mit, ist seit fast drei Jahren für solche Übergriffe bekannt. Beispielsweise hat er bereits einem kleinen Jungen befohlen, sich auszuziehen und in der Turnhalle seinen Penis am Klettergerüst und der Wand zu reiben. Doch sein Verhalten hat bisher niemals zu Konsequenzen geführt. Auch nicht in diesem Fall. Heidis Mutter wünscht sich zwar, dass er sofort vom Kita-Besuch suspendiert wird, doch auch dies passiert nicht. Die restlichen 14 Tage bis zum Ferienbeginn ist er anwesend und weiterhin verhaltensauffällig.

Stattdessen führen die Kita-Leitung und die Gruppenerzieherin Einzelgespräche mit den Eltern. Die Mutter des

Jungen bestreitet, dass dieser Zugang zu Pornofilmen oder -heftchen hat oder dass er das Sexspiel seiner Eltern beobachtet. Auch die Möglichkeit, dass er selbst sexuelle Übergriffe erfahren hat, schließt sie aus. Im Anschluss erfolgt ein Treffen mit allen Eltern. Man verbleibt so, dass man den Jungen die kommenden Wochen beaufsichtigen werde, bis er in der Schule ist und wir als Personal im neuen Kita-Jahr zeitnah thematisch geschult werden und eine Fallbesprechung abhalten.

Bis dahin sind die anderen beiden Jungs als reine Befehlsempfänger völlig in Vergessenheit geraten, fallen jedoch auf, weil einer der beiden in einer Gruppe sämtliche Mädchen befingert und zu sexuellen Handlungen gezwungen hat, welche diese nicht ausüben wollen. Das wird allerdings erst bekannt, als sich ein sehr selbstbewusstes und willensstarkes Mädchen lautstark gegen den Jungen wehrt. Die Mädchen hatten bereits untereinander über das Verhalten des Jungen gesprochen, und nun kommen die sexuellen Übergriffe ans Tageslicht. Auch dieses Verhalten hat für den betreffenden Jungen keine Folgen. Ich frage mich, wer hier geschützt wird – das Opfer oder der Täter?

Unterdessen erhalten wir eine Art Kurzschulung mit einem Fachmann zum Thema ›Sexuelle Gewalt‹. Er erläutert uns, dass sexuelle Übergriffe unter Kindern in der Kita eher selten vorkämen, da eine genitale Orientierung für Kinder in dieser Altersgruppe ungewöhnlich sei. Weiter beschreibt er kindliches sexuelles Verhalten, welches von Natur aus im Alter zwischen drei und sechs Jahren *bereits besteht und durch sexuelle Neugierde angeregt werde. Doktorspiele seien erlaubt, wenn alle Beteiligten einverstanden seien. Die heutige Pädagogik gehe davon aus, dass es Sex auch an unbewachten Orten zwischen Kindern geben dürfe! Dabei müsse zwischen sexueller Aktivität (Forschen, autoerotische Dinge, ganzkörperliche Sexualität) und Übergriffen unterschieden werden. Übergriffe dürften nicht sein, passierten wo Kinder sich aufhalten jedoch immer wieder.*

Dabei könnten wir Erwachsene uns nicht mehr an kindliche Sexualität erinnern und uns dementsprechend auch nicht in Kinder einfühlen. Außerdem hätten wir alle einen kulturell oder persönlich geprägten unterschiedlichen Umgang mit Sex. Eine totale Kontrolle der Kinder sei zudem nicht möglich.

Unsere Aufgabe als Erzieherinnen bestehe darin, uns zuerst dem betroffenen Kind zu widmen und uns Zeit und Ruhe zu nehmen, damit das Erlebnis sacken könne. Daraufhin müssten bei weiteren Vorfällen die Hintergründe des Jungen erfragt werden. Dabei spielten Kriterien wie Alter und Zwang eine Rolle. Der Junge müsse mit seinem Verhalten konfrontiert werden und die Zwanghaftigkeit untersucht werden. Unsere Haltung müsse deutlich zum Ausdruck bringen, dass wir dieses Verhalten nicht wollen und auch nicht tolerieren. Auch im Elterngespräch müsse eine rote Linie sichtbar sein.

Bei Spezialfragen sei ein Spezialist zu Rate zu ziehen. Im Anschluss müsse ein altersgerechter, angemessener

Täter-Opfer-Ausgleich stattfinden. Dabei sei der indivi-
duelle Verlauf entscheidend. Dazu gehöre auch eine ehr-
liche Entschuldigung. Die Gefahr eines Traumas bestehe
nicht, wenn das betroffene Kind sich unmittelbar an eine
verständnisvolle, hilfsbereite Person wenden könne, die
sofort agiert.

Und als wenn all diese Ausführungen des Fachmanns
nicht schon merkwürdig genug gewesen wären: Letztend-
lich erfülle der aktuelle Tatbestand nicht den des sexuellen
Missbrauchs, sondern ›lediglich‹ den der Gewaltausübung.
Kindliche Sexualität in diesem Alter sei ganzkörperlich
orientiert. Zudem trete das Verhalten des Jungen nicht
gehäuft und zwanghaft auf, und eine Therapie sei nicht
notwendig, denn die Häufung müsste einer bestimmten
Anzahl von Übergriffen in einem bestimmten definierten
Zeitraum entsprechen, welcher hier nicht vorliege. Wäh-
rend er das sagte, dachte ich an die Berichte darüber, wie
oft der Junge schon auffällig geworden war.

Der Junge, so der Experte weiter, drücke durch sein
Verhalten lediglich sein Erleben von Macht und Ohn-
macht über das Transportmittel der Sexualität aus. Es
handele sich dabei um einen Überschwang im Auspro-
bieren kindlicher sexueller Aktivitäten, bei denen sich
Kinder nichts Böses denken würden. Somit handele es sich
um normales sexuelles Verhalten, auf das eine Reaktion
und eventuelle (!) Korrektur erfolgen müsse, da Heidi ja
nicht freiwillig mitgemacht habe. Jedoch stelle dieser Vor-
gang nicht prinzipiell ein problematisches Verhalten dar,

da es zu keiner oralen, analen und vaginalen Penetration gekommen sei.

Ich entgegne ihm, dass ich durchaus der Meinung sei, dass es sich um gewalttätiges Verhalten handle und dieses eindeutig sexueller Natur sei und ich solch einen Vorfall im Kita-Alter krass und beunruhigend fände. Daraufhin erwidert der Familienberater: ›Da sind Sie wohl etwas empfindlich. Ich habe deutlich schlimmere Fälle erlebt, und dies hier hat eindeutig nichts mit sexuellem Missbrauch zu tun.‹ Auch meine Vermutung, dass der Junge wahrscheinlich Ähnliches erlebt haben muss, weil er sonst nicht immer wieder zwanghaft ein Verhalten wiederholen würde, das ihm scheinbar vertraut ist, lehnt der Berater rundherum ab, weil die definierte Häufigkeit nicht stimme. So haben die Vorfälle weder Konsequenzen für den Jungen und seine Familie (Therapie, Hilfe, Auflösung des Verhaltens und so weiter) noch erfährt das Mädchen weitere Unterstützung durch Therapie oder Schutz durch Erwachsene. Stattdessen wird suggeriert, dass alles normal ist und es hingenommen werden muss, dass (diese) Jungs sich so verhalten.

Die Mutter erklärt mir bei der Einschulung von Heidi, dass sie die Eltern des Jungen doch hätte verklagen und ihr Kind aus der Kita hätte nehmen sollen. Ihre Tochter schlafe seit dem Ereignis nur sehr schlecht und sie überlege sich nun, mit ihr zu einem Therapeuten zu gehen. Sie ist vor allem enttäuscht vom Verhalten der Kita-Leitung.«

Verwahrlosung

Handelte es sich bei Mike um sogenannte »Wohlstandsverwahrlosung«, so häufen sich seit einigen Jahren auch die Fälle, in denen tatsächlich klassische Verwahrlosung vorliegt. Erschütternd ist für uns immer wieder, wie oft solche Fälle unbearbeitet bleiben, weil an den entscheidenden Stellen die Augen verschlossen werden. Auch hier beziehen wir uns auf den Bericht einer Kollegin, der jedoch stellvertretend für eine erschreckend hohe Anzahl ähnlicher Fälle stehen kann.

»Meinen ersten Kontakt mit einem stark verwahrlosten Kleinkind habe ich in der Krippe. Schon vom ersten Moment an fällt mir Felix auf. Sein Gesicht hat eine merkwürdige Form und ist ganz weiß – bis auf die vielen Flecken darin. Die Kleidung ist ausgewaschen, kaputt und zu klein. Er ist in seiner Entwicklung weit zurück, und – ich kann es nicht anders beschreiben – er stinkt. Er hat entweder kein Frühstück dabei oder es ist nicht vollwertig und reicht nicht.

Der kleine Junge kommt nach dem Wochenende in die Krippe und stinkt fürchterlich nach Zigarettenrauch. Er wird an den Gruppentisch gesetzt und frühstückt ein ungetoastetes Toastbrot mit Marmelade. Das war's. Die Mutter bringt kein Obst in die Kita mit, auch mehr Essen ist nicht drin, selbst als wir sie darauf hinweisen, dass ihr Sohn sehr hungrig ist. Mittags schlägt er sich vor allem an den Montagen den Bauch so voll, dass wir befürchten, er müsse sich im nächsten Moment übergeben. Das tut er jedoch nicht, da er tatsächlich einfach nur ausgehungert ist.

Regelmäßig wird er mit einer vollgepinkelten und schweren Windel bereits in die Einrichtung gebracht. Wenn wir ihn wickeln, müssen wir ihn ausziehen, er riecht dann am ganzen Körper nach einer Mischung aus Zigarettenrauch und Fäkalien. Ich habe noch nie ein Kleinkind erlebt, das derartig stinkt, und bin entsetzt über meine eigene distanzierte Reaktion. Uns scheint es so, als sei der arme kleine Kerl das gesamte Wochenende nicht gewaschen, eventuell noch nicht einmal gewickelt worden. Meist ist sein Po komplett rot und fast offen. Nach einer Weile gehen wir dazu über, den Kleinen nach dem Frühstück am Montag in der Wickelrunde direkt zu baden oder abzuduschen. Das liebt er über alles.

Das nächste Problem ist die Kleidung. Bis ins Alter von drei Jahren trägt er Babykleidung. Die Strumpfhosen hängen zwischen den Knien und sind kaputt. Die Hosen reichen nur bis kurz übers Knie. Zudem besitzt er weder Winterjacke, Handschuhe, Schal und Mütze noch Regenhose oder Regenjacke oder einen Sonnenhut und Sonnencreme. Das Schlimmste aber ist, dass er noch nicht einmal vernünftige Schuhe hat. Seine sind meistens zu klein. Felix wird bis ins Alter von zwei Jahren mit dem Kinderwagen vor die Einrichtung und dann in unsere Gruppe gebracht und besitzt kein einziges Paar feste Schuhe. Hausschuhe gibt es ein Paar – für zu Hause und die Krippe. Meist fehlen sie dann bei uns und wir müssen ihm Ersatzhausschuhe geben.

Zu Beginn der Krippenzeit wird Felix noch von beiden Eltern gebracht. Zu Veranstaltungen erscheinen sie nicht. Als sie merken, dass wir versuchen, sie bezüglich solcher Anlässe in die Verantwortung zu nehmen, tauchen beide nicht mehr auf. Das Kind wird plötzlich im Früh- und Spätdienst angemeldet, was uns jede Kommunikationsmöglichkeit nimmt. Ist Felix krank, wird er nicht abgemeldet. Manchmal erscheint er für Wochen nicht, und wir wissen nicht, was los ist. Treffen wir doch einmal auf die Mutter, belügt sie uns nach Strich und Faden.

Der Vater verbringt den ganzen Tag mit Computerspielen. Da die Schwester des kleinen Jungen bereits seit zwei Jahren in der Kita ist, wissen wir bereits bei der Aufnahme, dass sowohl die Mutter als auch der Vater ein Alkohol- und Drogenproblem hatten.

Die Mutter scheint genug zu essen zu haben, denn im Gegensatz zu ihren unterernährten Kindern ist sie wohlbeleibt. Eines Tages sehe ich sie nach meinem Feierabend, wie sie gerade mit ihren abgeholten Kindern durch meine Straße läuft. Wie immer hat sie die Ohrhörer ihres iPhones eingestöpselt und schreibt Nachrichten auf dem Handy, während ihre vierjährige Tochter bereits 50 Meter entfernt ist und der Kleine unbeaufsichtigt an einer stark befahrenen Straße etwa fünf Meter hinter ihr herläuft. Dieses

Bild kann ich regelmäßig beobachten. Sie spricht nicht mit ihren Kindern, sie nimmt sie nicht wahr.

Da sich nach den ersten drei Monaten keine Veränderungen ergeben, bitte ich die Leitung um ein gemeinsames Gespräch und darum, das Jugendamt einzuschalten. Die ältere Kollegin und die Leitung lehnen diesen Vorschlag vehement ab. Ich argumentiere, dass jetzt schnelles Handeln hinsichtlich weiterer Entwicklungsverzögerungen und noch mehr Elend gerade in diesem Alter präventiv wirken könne, während es später viel schwieriger und manchmal unmöglich werde, doch stoße nur auf Ablehnung. Außerdem wird mir der Fall mit der Begründung entzogen, dass der Altersunterschied zwischen mir und der Mutter zu gering sei und sie mich nicht als Begleitung akzeptieren würde. Deshalb solle meine ältere Kollegin übernehmen.

Im Verlauf der Zeit kommt es bei dem kleinen Jungen zu großen Beulen, starken Blutergüssen und anderen Verletzungen. Erneut bitte ich um das Einschalten des Jugendamtes, daraufhin folgen weitere Gespräche, bei denen sich herausstellt, dass scheinbar alles vollkommen in Ordnung ist.

Der Junge lernt weder vernünftig laufen noch sprechen. Selbst jüngere Kinder haben ihn bereits in der Entwicklung überholt. Andere Eltern fragen nach, ob sie irgendetwas für ihn tun können. Sie würden auch gerne Kleider spenden. Aber nein, das dürfe man der Familie nicht antun, klärt mich meine ältere Kollegin auf. Das sei ja pein-

lich für die Mutter. Deshalb rufen wir alle Eltern zu Klei-
derspenden für unsere Wechselwäsche auf und hängen ein
Schild an eine Wanne, dass alles zu verschenken sei.

Doch Felix' Mutter interessiert das gar nicht. Sie inter-
essiert sich nicht für ihr Kind. Sie nimmt gar nicht wahr,
wie er herumläuft, und »neue« Klamotten, die sie auf Ein-
ladung aus der Tonne nimmt, haben die Größe eines Babys
von neun Monaten.

Die Kleiderthematik tut die Mutter damit ab, dass der
von ihr getrennt lebende Vater immer die Wechselwäsche
behalte und sie ja sonst ständig neue kaufen müsse. Von
Vaters Seite kommt auch nix. Mit über 30 Jahren ist er
wieder bei seinen Eltern eingezogen. Aber wenigstens
Oma kümmert sich um Felix und es geht ihm gut, wenn
er ein Wochenende dort war. Allerdings stinkt er noch
fürchterlicher als vorher nach Rauch, weil die Großeltern
über keine Heizung, sondern nur über Öfen verfügen.
Dort muss so viel Ruß in der Luft sein, dass dieser sein
Gesicht einfärbt und wir ihn ebenfalls erst einmal richtig
waschen müssen.

Hygiene ist ein Dauerthema. Felix ist oft krank, vor
allem mit Erkältungskrankheiten. Sein Schnodder quillt
grün und dickschleimig aus der Nase. Wenn wir ihn
am Montag zu sehen bekommen, ist das halbe Gesicht
voll damit, weil er ihn sich irgendwie aus dem Gesicht
wischt, denn niemand putzt ihm die Nase. Schnodder ist
vollkommen normal, auch, dass er verwischt wird, weil
die meisten kleinen Kinder im Krippenalter sich noch

nicht selbst die Nase putzen können, aber nicht diese Eintrocknungen.

Zudem hat er immer Probleme mit den Augen. Dort haften die Spuren des Schlafes vom Wochenende, diese sanft zu entfernen, bereitet ihm Schmerzen. Er jammert bei der Behandlung. Er bekommt verschiedene Entzündungen und Erkrankungen am Auge. Eine beliebte Ausrede ist auch, er habe Schnupfen, bei dem Sekret zu den Augen rauskäme. Ja, das gibt es tatsächlich, allerdings nicht in diesem Fall. Auch all diese Vorfälle sind für die Leitung und die Kolleginnen kein Grund, das Jugendamt einzuschalten. Die Mutter bringt weder Pflegetücher noch Windeln für ihr Kind mit. Wir sprechen mit dem Vater und beide schieben sich die Verantwortung gegenseitig zu. Nach einer Weile zeigt sich, dass der Vater regelmäßig Windeln mitbringt, die Mutter aber nicht. Außerdem holt sie ihre Kinder nicht pünktlich ab. Mir wird immer wieder gesagt: ›Ist doch besser, wenn er bei uns ist und es ihm hier gut geht, als dass die Mutter beschließt, die Kita zu wechseln, weil wir sie zu sehr bedrängen.‹ Mir fällt die Kinnlade runter. Meine Kollegin und die Leitung sind vollkommen einer Meinung und haben grenzenloses Verständnis für die Mutter. Der große Knall kommt nach anderthalb Jahren: Die Mutter wird vom Vermieter auf die Straße gesetzt. Es ist die gleiche Wohnungsgesellschaft, bei der auch ich wohne, nur in einem anderen Bezirk. Die sind so tolerant, dass es wirklich schlimme Vorfälle gegeben haben muss, bis sie eine Mutter mit zwei kleinen Kindern auf die

Straße setzen. Die Mutter ist obdachlos. Die Kinder kommen vorerst zum Vater, bis sie eine Unterkunft gefunden hat. In dieser Zeit geht es Felix etwas besser.

Meine Kollegin und die Leitung führen Gespräche bezüglich einer Wohnung mit der Mutter und sie lügt ihnen das Blaue vom Himmel herunter, dass sie schon etwas gefunden habe. Nach etwa zwei Monaten stellt sich raus, dass sie in einer Obdachlosenunterkunft lebt. Sie holt ihre Kinder zurück zu sich. Weil sich die Mutter an keine Absprachen hält und sowohl die Kolleginnen als auch die Leitung hinters Licht geführt hat, schalten sie dann allerdings doch irgendwann das Jugendamt ein. Vorher werde ich allerdings noch zur Leitung zitiert, wo ich erklären soll, warum ich bereits vor anderthalb Jahren diesen Schritt gehen wollte. Ich antworte, es sei doch schon damals glasklar gewesen. Wir hätten genügend Anhaltspunkte gehabt. Mittlerweile ist der Kleine fast drei Jahre alt, läuft nur auf Zehenspitzen, fällt dauernd hin und spricht wie ein Anderthalbjähriger. Wer seine Sprache, Ein- bis Zwei-Wortsätze in Substantiven, nicht kennt, versteht ihn gar nicht. Er ist darüber unendlich frustriert und weint oft.

Mich hat diese Episode geschockt und erschüttert. Mein Fazit: Eltern dürfen mit Kindern alles machen: Sie dürfen sie vernachlässigen, verwahrlosen und hungern lassen, einsperren, im eigenen Urin liegen oder durch hygienische Umstände krank werden lassen. Falls überhaupt etwas passiert, bekommt die Mutter Hilfe und Verständnis, und nicht das Kind.«

Diese drei Fälle sollen stellvertretend für viele ähnlich gelagerte zeigen, wie es im Kita-Universum auch immer mal wieder aussieht. Sie sind der Nachweis dafür, dass in diesem Universum auch Menschen ihren Dienst versehen, die dafür nicht geeignet sind und sich so schwer an den Kindern und letztlich auch an der Gesellschaft versündigen. Dass die Erzieherin im Fall von Felix nicht einfach selbst das Jugendamt alarmierte, hat gute Gründe. Eine Erzieherin braucht zur Einschaltung des Jugendamtes immer die Zustimmung der Leitung. Setzt sie sich ohne diese Zustimmung mit dem Jugendamt in Verbindung, gilt ihr Verhalten als illoyal und sie kann abgemahnt oder gekündigt werden. Die einzige Option ist ein anonymer Hinweis, wobei die Art der Information Aufschluss über die Informantin gibt, sodass Rückschlüsse hinsichtlich der betreffenden Person gezogen werden können. Und auch wenn das nicht geschieht: Es bleibt eine innere Zerrissenheit, zwar zum Wohle des Kindes gehandelt, damit aber den Arbeitgeber hintergangen zu haben.

DER TANZ UMS GOLDENE KIND
Partizipation ist alles

Natürlich ist die Arbeit mit den Kindern der Kernpunkt unseres Berufs, und natürlich hat es immer dazugehört, sich auch mit den Eltern zu beschäftigen. Und doch waren diese beiden »Sollbruchstellen« in unserer Arbeit nie zuvor so stark belastet, wie es heute der Fall ist.

Was die Kinder angeht, stehen wir heute vor dem Problem, dass eine immer größere Anzahl an Kindern mit dem üblichen Eintrittsalter von drei Jahren keine ausreichende Kindergartenreife besitzt. Sehr häufig sind diese Kinder nicht trocken, was für den Alltag, gerade in Einrichtungen ohne Krippe, einen erheblichen Mehraufwand bedeutet. Das gilt vor allem auch deshalb, weil es sich heute nicht mehr um ein Ausnahmephänomen handelt, mit dem man sich einigermaßen arrangieren kann, sondern immer mehr Kinder ganz selbstverständlich ohne diese Fähigkeit in der Kita angemeldet werden.

Dieser Mangel an körperlicher Reife ist allerdings das kleinere Übel im Vergleich zu den Entwicklungsverzögerungen im psychischen Bereich, die einige unserer Schützlinge heute aufweisen. Mit diesen Phänomenen sind wir nicht nur an unserem Arbeitsplatz konfrontiert. Wir sehen, wie jeder andere auch, tagtäglich deren Auswirkungen im Alltag. Das zeigt folgendes Erlebnis im Bus auf dem Weg von der Kita nach Hause. Gedanklich noch bei der Arbeit, geht für die Erzieherin der scheinbar ganz normale Wahnsinn gleich weiter.

Ein Vater steigt mit seinem etwa vierjährigen Sohn ein, dem er seinen Roller hinterherträgt. Der Bus ist ein großer Ziehharmonikabus, in dem zu diesem Zeitpunkt gerade mal fünf Plätze belegt sind. Bereits beim Einsteigen wird das Kind vom Vater gefragt: »Wo möchtest du denn gerne sitzen?« Es folgt ein Gang durch den ganzen Bus, bei dem der Vater bei jeder einzelnen Sitzreihe fragt: »Hier? Oder lieber hier? Hier wäre es doch auch gut?« Die Antwort des Jungen erschöpft sich in stetem »Nein«. »Nein«, »nein« und nochmal: »nein«. Auf diese Weise bewegen sich Vater und Sohn einmal komplett durch den Bus, durchschreiten den Ziehharmonika-Teil in der Mitte und gelangen schließlich ans Ende des Fahrzeugs. Dort angekommen, trifft der Vierjährige eine plötzliche Entscheidung. »Hier sitzen!«, quäkt es laut durch den Innenraum, dabei zeigt er auf eine bestimmte Sitzreihe. Diese ist, nach der vorangegangenen »Show« wundert es einen schon gar nicht mehr, die einzige Reihe in diesem Teil des

Busses, die besetzt ist. Eine Mutter sitzt dort mit ihrer Tochter.

Die Reaktion des Vaters ist bezeichnend für das, was wir tagtäglich mit Eltern erleben. Anstatt seinem Kind zu sagen, es solle sich auf einen freien Platz setzen, beginnt der Mann eine Diskussion mit seinem Sohn und versucht, ihn dazu zu bewegen, auf den gewählten Platz zu verzichten. Das Gesicht der dort sitzenden Mutter spricht Bände, sie hört der laufenden Diskussion nur verdutzt zu und schaut ungläubig auf die Szene, die sich vor ihren Augen abspielt. Der Vater sagt: »Aber da sitzt schon jemand.« Antwort des Vierjährigen: »Hier sitzen!« Mehrmals geht das »Gespräch« so hin und her, bis der Vater tatsächlich die Mutter fragt, ob sie sich mit ihrer Tochter auf andere Plätze setzen könne. Schließlich kommt es zu einem handfesten Streit, in dessen Verlauf das Kind, das seinen Willen nicht bekommt, nun anfängt zu heulen, zu schreien und immer weiter zu quengeln, dass es auf dem ausgesuchten Platz sitzen wolle. Das Ende der Geschichte ist übrigens unbekannt, da die Beobachterin vorzeitig den Bus verließ, weil die Lautstärke des Streits und des schreienden Kindes unerträglich war.

Um zu illustrieren, wie »normal« dieser Tanz ums goldene Kind mittlerweile geworden ist, soll hier gleich noch eine Anekdote folgen, die uns aus der Eröffnungsrunde einer Mütter-Meditationsgruppe zugetragen wurde. Dort sollte sich jede der Anwesenden zunächst kurz vorstellen und etwas zu sich und ihrem Kind sagen. Eine Mutter, Anfang 20, beginnt zu erzählen, was sich in ihrem Leben verändert hat, seit es Maja gibt: »Als meine Tochter vor fast zwei Jahren am Heiligen Abend geboren wurde, war das wirklich was ganz Besonderes. Sie bringt etwas ganz, ganz Besonderes in diese Welt! Sie bringt Licht in unser Leben! Außerdem hält sie die Familie zusammen.« An dieser Stelle fängt die Mutter an zu weinen und zu schluchzen und fährt schließlich fort: »Man kann wirklich sagen: Uns ist an diesem Tag unser Heiland geboren worden. Seitdem ist alles anders.«

Verstehen Sie uns nicht falsch: Es ist nicht schlimm, Kinder als Lichtbringer zu empfinden, als etwas Besonderes, und, ja, natürlich ändert sich mit der Geburt eines Kindes vieles im Leben von Eltern. Aber diese Aussagen gelten natürlich für alle Kinder, für alle Familien, für alle Eltern gleichermaßen. Heute jedoch, und das zeigt sich am Beispiel dieser jungen Mutter sehr deutlich, geht eine zunehmende Zahl an Eltern ganz selbstverständlich davon aus, dass just ihr eigenes Kind eine Ausnahmestellung einnimmt. Und zwar nicht nur für die eigene Familie, sondern für alle anderen gleich mit. Es ist halt wie beim Heiland: Das Kind wurde auf die Welt gesandt, um diese Welt zu verändern. Ob die Welt das möchte, spielt dabei keine Rolle.

Tatsächlich verhalten sich zu viele Eltern, als wenn ihr Sprössling etwas Göttliches an sich hätte, dem alle huldigen müssen. Und »alle« betrifft natürlich schwerpunktmäßig immer auch die Erzieherinnen. Manches Mal werden sie damit konfrontiert, dass Eltern fest davon überzeugt sind, ihr Kind sei so besonders, so begabt, so lichtvoll, dass wir alle es mit großer Ehrfurcht empfangen und sich für seine göttliche Anwesenheit dankbar erweisen müssen. Immer wieder haben Einrichtungen Kinder in ihrer Obhut, wie jenen Fünfjährigen, der von seiner Mutter ausschließlich »mein kleiner Prinz« genannt wird, diese Bezeichnung auch auf einem Schild an seiner Kinderzimmertür stehen hat und sich genau so benimmt, wie man es sich von einem kleinen Prinzen vorstellt. Oder wie jene Kinder, die von ihrer Mutter am ersten Kita-Tag mit den Worten »Da sind sie, meine Heiligtümer« vorgestellt wurden.

Partizipation

Wir haben in unseren Einrichtungen immer nach einem bestimmten Prinzip erzogen, das seit geraumer Zeit einen wohlklingenden Namen bekommen hat und mittlerweile in der Pädagogik als das Nonplusultra des Umgangs mit Kindern gilt: die Partizipation.

Klingt gut, heißt allerdings auf Deutsch auch nichts anderes als Beteiligung. Dass man Kinder altersangemessen an Entscheidungen und am Tagesablauf beteiligt, ist nicht wirklich neu, das haben auch die guten alten Kindergärtnerinnen in aller Regel schon so gehalten. Heute jedoch hat das »Kind« einen Namen, und jede Kita ist angehalten, unter den Gesichtspunkten der Partizipation zu erziehen. Kinder sollen also beteiligt und auf diese Weise zu demokratischen Bürgern erzogen werden. Zu Bürgern also, die ihren Mund aufmachen, wenn sie etwas stört, die eine Meinung haben und diese auch äußern.

Lustigerweise scheinen diese Rechte für uns als Erzieherinnen nicht zu gelten, wir müssen da wohl eine Ausnahmestellung haben, die für uns bedeutet: Klappe halten und arbeiten! Für die einfachen Erzieherinnen ist es häufig am schwierigsten, sie gelten nach außen gar nicht als Ansprechpartnerin. Wer sich traut, Kritik zu üben, muss immer damit rechnen, seinen Job zu riskieren. Also halten viele lieber den Mund. Das wirkt sich auch auf das Selbstbild vieler Erzieherinnen negativ aus. Sie fressen den alltäglichen Frust in sich hinein, was wiederum krankheitsfördernd ist. Darüber hinaus ist eine solch geringe Wertschätzung von außen natürlich Gift, wenn man in einem Beruf arbeitet, der ganz wesentlich davon lebt, dass er jeden Tag mit Begeisterung ausgeübt wird. Negative Stimmungen bei den Erzieherinnen wirken sich natürlich immer auch auf die Kinder aus. Das sollte eigentlich nicht der Fall sein, aber immerhin sind auch wir nur Menschen.

Der Hype um die Partizipation findet natürlich nicht nur in der Kita statt, vielmehr gibt es eine Wechselwirkung zwischen dem heute üblichen Blick auf den Grad der Mitbestimmung bei Kindern und der Art und Weise, wie wir ihnen in unseren Einrichtungen begegnen sollen. Ein Blick in den Alltag hilft auch hier wieder, zu verstehen, was da heutzutage passiert. Kinder dürfen vielerorts nicht mehr Kinder sein, sondern werden als kleine Erwachsene behandelt, die in jeder Beziehung Mitspracherecht haben.

In Deutschland ist diese Art der Kindererziehung besonders ausgeprägt. Offenbar hat die historisch begründete und gewachsene Angst der Deutschen vor Autorität dazu geführt, dass wir heute gar nicht mehr anleiten und führen wollen, sondern Verantwortung delegieren. Das mag im Erwachsenenbereich funktionieren und bisweilen sinnvoll sein, bei Kindern führt es zu all den Problemen, über die wir heute sprechen müssen.

Im Ausland werden wir Deutschen bisweilen belächelt über die Art und Weise, wie wir unsere Kinder erziehen und behandeln. Wenn es hierzulande regnet, und das ist ja in vielen Landstrichen gar nicht so selten der Fall, beginnen Deutschlands Eltern mit ihren zwei-, drei- oder vierjährigen Kindern zu diskutieren, was diese denn anziehen wollen. Sie diskutieren, argumentieren, erklären so lange, bis sie der Meinung sind, der kleine Prinz oder die kleine Prinzessin habe verstanden, dass die Regenjacke vielleicht doch sinnvoller ist als das T-Shirt mit dem tollen Motiv vorne drauf. Trotzphasen der Kinder, die für die Entwicklung des eigenen Selbst unabdingbar sind, werden nach Möglichkeit vermieden.

In manchen Familien hat mittlerweile das Kind die Entscheidungsgewalt über alle möglichen Dinge, es hat eine komplette Machtumkehr stattgefunden. Eltern verweigern regelrecht die Erziehung ihrer Kinder und glauben, die Entwicklung zum verantwortlichen, gesellschaftsfähigen Erwachsenen kommt schon irgendwie von alleine.

Letztendlich leben die Eltern ihren Kindern jedoch eine Scheinliberalität vor. Sie gaukeln den Kindern eine Macht vor, die diese gar nicht haben, und die sie auch sinnvollerweise nicht haben sollten. Es gibt Untersuchungen, die zeigen, dass wir jeden Tag eine fünfstellige Zahl an Entscheidungen zu treffen haben. Die Neurobiologie zeigt aber auch, dass wir nur eine bestimmte Anzahl an Entscheidungen überhaupt sinnvoll verarbeiten können. Also entsteht ein Gefühl der Überforderung, das irgendwann in einen Burn-out mündet. Hinsichtlich der Kommunikation zwischen Kindern und Eltern kommt noch ein weiterer Aspekt hinzu. Man geht davon aus, dass nur etwa sieben Prozent der Interaktionen durch ihren sprachlichen Inhalt bestimmt werden. Dazu kommen beispielsweise Mimik und Gestik. Wenn wir uns nun anschauen, wie unendlich viel auf kleine Kinder eingeredet wird, wie viele Entscheidungen ihnen abverlangt werden und wie viele Informationen sie aufnehmen und verarbeiten sollen, wird schnell klar, dass wir nicht nur selbst ausbrennen, sondern auch auf dem besten Wege sind, schon unsere Kinder direkt mit in den Burn-out zu führen.

Das ist eine dramatische Entwicklung, die niemand täglich so nah und so intensiv zu spüren bekommt wie Erzieherinnen in ihren Kitas. Schulen und Ausbildungsbetriebe müssen später mit den Folgen leben und sind dadurch ebenfalls hoch belastet, doch bei uns kommt noch hinzu, dass eigentlich niemand damit rechnet, mit solchen Problemen schon bei Kleinkindern konfrontiert zu werden.

Reden, reden, reden, manchmal steht man wirklich fassungslos im Flur der Kita und schaut zu, wie Kinder von ihren Eltern zugetextet und mit Fragen und Erklärungen überschüttet werden. So wie beim vierjährigen Fabian: Am Ende des Kita-Tages kommt sein Vater zum Abholen und nimmt ihn auf den Arm. Er geht jedoch nicht etwa mit Fabian zur Garderobe, um die Jacke und die Schuhe zu holen, das Kind anzuziehen und nach Hause zu fahren. Nein, sein Weg führt ihn zurück in den Gruppenraum, aus dem

Fabian ja eigentlich gerade erst hinausgegangen ist, weil sein Tag in der Kita nun mal vorbei ist. Nun stehen also beide im Gruppenraum, die Erzieherinnen schauen Vater und Sohn an: »Willst du Tschüss sagen?«, wird der Vierjährige gefragt, und seine Antwort lautet: »Nein!« Der Vater versucht es anders: »Darf Papa denn Tschüss sagen?« »Nein!«, kräht der Sohn maulig in die Runde, und man sieht ihm an, dass er dieses absurde Theater noch eine ganze Weile mitmachen würde. Der Vater tritt verunsichert von einem Bein aufs andere, man sieht ihm förmlich an, wie ihn die Situation und die unerwartete Reaktion seines Sohnes verunsichert. Es dauert eine ganze Weile, bis er sich tatsächlich entscheidet, den Rückzug anzutreten. »Na dann, bis morgen«, ruft er mit gezwungener Fröhlichkeit in den Raum und geht mit dem Kind hinaus.

Es hätte vollkommen ausgereicht, dem Kind ein Vorbild zu sein, es an die Hand zu nehmen, einmal ein freundliches »Tschüss, bis morgen« in den Raum zu rufen und dann zu gehen. Das Kind wäre nicht mit unsinnigen Fragen überfrachtet worden und hätte gleichzeitig gelernt, wie eine ganz normale Abschiedsszene aussieht.

Für die Erzieherinnen können diese Abschiedsszenarien zu einer täglich wiederkehrenden Tortour werden. Sie haben die Wahl: Schauen sie einfach nur zu, wie Mutter oder Vater mit dem Kind noch einmal eine Runde durch die Gruppenräume drehen oder auch einen Abstecher in den Turnraum machen? Oder spielen sie wieder einmal die böse Spielverderberin und weisen die Eltern darauf hin, dass die Schließzeit da ist und alle Feierabend machen wollen?

Noch absurder wird die ganze Geschichte, weil den Eltern häufig ihre eigene Nervosität anzumerken ist. Vielleicht haben sie auch noch einen Termin, vielleicht muss daheim das Essen zubereitet werden. Oder Mama und Papa möchten auch einfach nur Feierabend machen und ein wenig Ruhe genießen. Doch die Eltern stehen sich selbst im Weg. Immer ist da die große, scheinliberale Frage an das Kind: »Möchtest du denn gehen?« Immer ist da die latente Angst, dass das Kind, das es ja nicht besser wissen kann, diese Frage mit »Nein!« beantworten wird. Was dann? Neuerliche Diskussionen, Argumentationen, Beteuerungen, Fragen, Antworten. Oft auch Tränen. Stress pur für alle Beteiligten, und alles nur, weil ganz normale Handlungen nicht mehr ausgeführt werden. Wie viel einfach für alle wäre es, das Kind einfach abzuholen, anzuziehen und mit ihm nach Hause zu fahren? Zunehmend merken die Erzieherinnen diese falsch verstandene Partizipation auch beim Erstkontakt mit Eltern, die ihr Kind in die Kita geben wollen. Die Eltern stellen sich in Gegenwart ihres zweijährigen Kindes vor und versichern uns hoch und heilig, dass ihr Kind unbedingt in die Kita gehen möchte.

Man habe darüber zu Hause gesprochen, und, ja, das Kind habe sich entschieden und sei sich ganz sicher, dass es diesen Schritt gehen möchte.

Was glauben Sie? Können Kinder und Kleinstkinder absehen, was da auf sie zukommt? Die Frage lässt sich leicht beantworten, wenn man noch einen Rest an Intuition in sich trägt, die diesen Eltern im Hinblick auf ihre Kinder oft komplett fehlt.

Die Kinder waren bisher in der Betreuung ihrer Eltern, Großeltern oder auch bei Tagesmüttern. Sie können nicht wissen, was so ein großes System, wie es eine Kita nun einmal ist, für sie bedeuten wird. Dieses System ist groß, laut, von Durcheinander geprägt, es laufen viele unbekannte Menschen herum. Manche Kinder sind beim ersten Betreten bereits neugierig auf das Gewimmel, vielen macht es aber im ersten Moment auch Angst. Das ist vollkommen normal.

Die Entscheidung darüber, ob ein Kind in die Kita gehen soll oder nicht, können nur die Eltern fällen. Sie müssen sich fragen: Haben sie Vertrauen in die Leitung und in die Erzieherinnen? Gefallen ihnen die Räumlichkeiten? Können sie mit dem erzieherischen Konzept der Kita etwas anfangen? Und last, but not least: Können sie sich vorstellen, dass ihr Kind sich in dieser Einrichtung wohlfühlen wird? All das sind Entscheidungen, die nur die Eltern treffen können, nicht die Kinder. Dazu kommt die Beurteilung des

Kindes durch die Eltern. Ist es reif genug, um die Belastung, die eine Kita neben allen positiven Effekten, gerade am Anfang, auch darstellt, zu verkraften? Anders gesagt: Ist es an dem Punkt, an dem die positiven Effekte der Kita die der rein häuslichen Betreuung übertreffen? Denn genau das sollte doch der Moment sein, an dem der Eintritt in die Kita sinnvoll ist.

Erst wenn all diese Fragen von den Eltern mit einem klaren »Ja« beantwortet werden können, steht dem Weg des Kindes in eine solche Einrichtung nichts mehr im Weg. Tatsächlich spürt auch das Kind sehr genau, ob die Eltern es mit einem guten Gefühl in die Kita bringen. Das ist die beste Voraussetzung für einen gelungenen Start. Die Sicherheit von Mama und Papa überträgt sich auf das Kind, es kann gelöst und entspannt in einen aufregenden neuen Abschnitt seines jungen Lebens starten und sich dabei wohlfühlen. Und nicht zuletzt: Wenn Eltern und Kind sich wohlfühlen, wird es auch für die Erzieherinnen leichter. Dem Kind jedoch quasi die Entscheidung zu überlassen, es mit der Verantwortung für diesen wichtigen Schritt zu überfrachten, ist definitiv der falsche Weg. Eine komplette Überforderung!

Leider nimmt die Zahl der Eltern, die diese Entscheidungen tatsächlich souverän treffen, immer weiter ab, und es ist spürbar, wie sich der Effekt im weiteren Verlauf fortsetzt. Etwa dann, wenn es darum geht, ob ein Kind bereits schulreif ist oder nicht. Auch hier setzt ein großer Teil der Eltern wiederum auf die Entscheidungsfähigkeit des eigenen Kindes.

So etwa bei Maria, einer Vierjährigen, die von den Eltern immer wieder gefragt wurde, ob sie denn nicht gerne schon in die Schule möchte. Diese Fragen wurden häufig auch in Anwesenheit der Erzieherinnen gestellt, wohl um diesen zu demonstrieren, wie selbstständig und »groß« die kleine Maria doch schon sei. Maria, die mit ihren zarten vier Jahren keinerlei Vorstellung davon haben konnte, was Schule überhaupt bedeutet, strahlte natürlich jedes Mal, wenn sie gefragt wurde. Schule! Das klang aufregend, das musste ja was absolut Tolles sein, wenn Mama und Papa so oft danach fragten. Die Häufigkeit der Fragen hatte schon etwas sehr Suggestives, auf jeden Fall war für alle deutlich zu spüren, dass es nicht darum ging, was Maria wollte, sondern dass die Eltern auf Gedeih und Verderb beweisen wollten, was für ein tolles verständiges und frühreifes Kind sie doch da heranzog.

Immer wieder bekam Maria zu hören: »Wenn du erst einmal ein Schulkind bist ...« Den Eltern war anzumerken, dass sie ihre Tochter am liebsten sofort aus der Kita herausgenommen und eingeschult hätten. Notfalls auch mit viereinhalb Jahren. »Willst du zur Schule?« Was für eine Frage, was für eine Entscheidung!

In die Freundebücher, die Maria mit nach Hause brachte, schrieb die Mutter für ihre Tochter zu dem Punkt »Mein größter Traum«: »Dass ich im Sommer in die Schule komme.« In jedem Freundebuch stand dieser Spruch. Er wurde voller Stolz präsentiert, kaum dass die Tinte trocken war.

Von Erzieherinnenseite aus war mit den Eltern überhaupt nicht mehr zu reden. Nicht über den Entwicklungs- und Reifestand von Maria. Nicht über ihre Frustrationstoleranz, nicht über ihre Konzentrationsfähigkeit. Denn Maria hatte ja schließlich entschieden: Sie wollte in die Schule! Im Sommer jenes Jahres wurde das Mädchen fünf Jahre alt, im Frühjahr davor stand die Schuluntersuchung an. Und siehe da: Maria fiel durch, die Schulärztin wies die Einschulung entschieden zurück.

Was darauf folgte, war für die Eltern vermutlich eine Katastrophe, für die Erzieherinnen und für Maria war es einfach nur wunderbar. Die Schulärztin hatte dem Mädchen die schwere Entscheidung abgenommen. Jeglicher Druck war weg, sie durfte wieder einfach nur ein vierjähriges Mädchen sein. Am Tag nach der Entscheidung kam sie freudestrahlend in die Einrichtung und verkündete so laut, dass es auch auf jeden Fall alle hören konnten: »Ich bleibe noch bei euch!!« Im Jahr darauf wurde Maria emotional gereift als richtiges Schulkind in die erste Klasse aufgenommen und nach allem, was man hört, hat sie sich dort sehr gut gemacht.

Ein Riesenthema ist die falsch verstandene Partizipation auch beim Thema Krankheiten. Es kann nicht anders sein, als dass die Eltern die Aufsicht und die Verantwortung haben, wenn das Kind krank ist. Kein Kind sollte selbstständig die Entscheidung treffen, ob es erkrankt die Kita besuchen kann oder nicht.

Trotzdem kommt es vor, dass Erzieherinnen den Satz hören: »Aber mein Kind wollte doch so gerne in die Kita!« Wie oft werden in Einrichtungen kranke Kinder betreut, die einem einfach nur leidtun können, weil sie sich eigentlich daheim in Ruhe auskurieren müssten. Wie oft hören Erzieherinnen morgens beim Bringen den Satz: »Naja, er/sie hat sich heute Nacht übergeben, aber er/sie wollte unbedingt in die Kita!«

Man mag noch so oft darauf hinweisen, dass das nicht die Entscheidung des Kindes ist, bei einigen Eltern kommt das einfach nicht an. Die Erwachsenen sollten ihr Kind kennen und aus Erfahrung wissen, wann es wieder gesund ist. Darauf müssten wir Erzieherinnen uns eigentlich verlassen können, was aber leider immer seltener der Fall ist.

Zum Glück gibt es noch die Eltern, die das genauso sehen. Dort kann sich das Kind daheim auskurieren und nach vollständiger Genesung fröhlich in die Kita zurückkommen. Diese Eltern nehmen in mehrfacher Weise Rücksicht: auf ihr Kind, auf die anderen Kinder und auch auf das Personal der Kita. Das verdient fast schon ein Extralob.

Es ist nun einmal so, dass gerade die erste Zeit in einer Kita von häufigen Erkrankungen geprägt ist. Auf jedem Elternabend für die Neueinsteiger wird darauf hingewiesen. Immer wieder wird den Eltern gesagt: »Ihr Kind wird in nächster Zeit alles mitnehmen, was es an Krankheiten so gibt.« Das Immunsystem der Kinder ist in den ersten Wochen und Monaten enorm gefordert: Magen- und Darmgrippe, Erkältungen, Bronchitis, Bindehautentzündung, Hand-Fuß-Mund-Krankheit – die Aufzählung ließe sich beliebig verlängern, die Palette hat einiges zu bieten.

Diese erste Zeit in der Kita ist für Kinder und Eltern sehr lästig, aber nicht zu vermeiden. Es ist wie eine Art Initiationsritus für das Immunsystem, das anschließend einiges mehr verträgt. Wichtig ist dabei aber: Wenn die Kinder sich nicht richtig auskurieren dürfen, verschleppen sie die Krankheiten und stecken darüber hinaus noch andere Kinder und oft auch die Erzieherinnen an.

Eine Kollegin erzählte von einer wahren »Horrorzeit«, wie sie es nannte, von Herbst bis zur Karnevalszeit. Ein Magen-Darm-Virus hatte in ihrer Einrichtung sein Unwesen getrieben und fand nach dem ersten Auftreten über Monate hinweg ein ideales Betätigungsfeld. »Wir bekamen einfach keine Ruhe rein«, erzählte uns die Erzieherin, »immer wieder wurden noch nicht wieder völlig gesunde Kinder gebracht, ›weil sie so gerne wollten‹.« Auch die Aushänge halfen nichts, die immer wieder über die Krankensituation in der Kita informierten und auch darauf hinwiesen, dass kranke Kinder doch bitte erst nach 48-stündiger Beschwerdefreiheit in die Kita gehen sollten. Das war einigen Eltern einfach nicht zu vermitteln. Selbst wenn die Kinder sich nicht mehr übergaben, hatten viele von ihnen noch Durchfall, doch das schien die Eltern nicht zu interessieren. Die Kollegin wurde in dieser Zeit zweimal von einem Kind von oben bis unten »verschönert«, da das Kind sich übergeben musste.

Doch damit nicht genug. Als die Kollegin die Mutter des einen Kindes auf den Vorfall ansprach, durfte sie sich anhören: »Na, hoffentlich haben Sie genug Wechselkleidung dabei!« Beim anderen Kind gab es eine ähnlich absurde Situation. Die Kollegin trug just an diesem Tag neue Hausschuhe und eine neue Jeans, was sie schnell bereuen sollte. Als der kleine Tibor morgens in die Kita kam, ahnte sie das Unheil bereits und wies die Mutter darauf hin, dass ihr Sohn nicht besonders gesund aussehe. Ob sie ihn nicht lieber wieder mitnehmen wolle. Antwort: »Er wollte aber doch so gerne, und es geht ihm auch schon wieder ganz gut!«. Eine halbe Stunde später gab Tibor auf seine Art und Weise die Antwort, indem er sich ansatzlos auf die Neuanschaffungen der Erzieherin übergab.

So bekam die Kita den Virus über all die Monate nicht richtig aus dem Haus, in der Folge steckten sich nicht nur immer mehr Kinder, sondern auch die Mitarbeiterinnen selbst an, sodass Personalengpässe zur ohnehin angespannten Situation hinzukamen. Zeitweise waren nur noch eine Erzieherin und eine Vertretungskraft anwesend, die am Rande ihrer persönlichen Belastbarkeit versuchten, zu retten, was zu retten war.

Solche Dinge dürften eigentlich niemals passieren. Die Entscheidungshoheit muss bei den Eltern liegen, es kann nicht sein, dass die Kinder munter entscheiden, ob sie gesund genug sind, um in die Kita zu gehen. Tatsächlich jedoch wird den Kindern suggeriert, sie könnten jederzeit frank und frei entscheiden, was zu tun und was zu lassen ist. Das wirkt sich dann auch auf ihr Verhalten als Erwachsene aus.

Ein Beispiel für falsch verstandene Partizipation ist auch das folgende: Der vierjährige Jonte ist in seiner Familie der große Bestimmer, und so tritt er auch in der Kita auf. An die dort herrschenden Regeln kann er sich nur mit größter Mühe gewöhnen. Soll er aufräumen, gibt es jedes Mal großes Geschrei, das regelmäßig in den Worten »Du hast mir gar nichts zu sagen!« gegenüber der Erzieherin gipfelt. Jeden Tag gibt es diese Machtkämpfe mit Jonte, sodass die Erzieherinnen beginnen, die häusliche Situation zu hinterfragen.

Es stellt sich heraus, dass Jonte beispielsweise daheim bestimmt, wann er ins Bett geht. Das kann dann auch schon mal ein Uhr nachts sein. Darüber hinaus schläft er grundsätzlich im elterlichen Ehebett neben seiner Mutter, weshalb der Vater »freiwillig« ins Kinderzimmer umgezogen ist. Jeden Abend, ohne Diskussion. Die absurde Situation gipfelt darin, dass der Vater in einem Einzelgespräch die Erzieherin bittet, seiner Frau zu sagen, dass er gerne wieder in seinem eigenen Bett schlafen würde. Er selbst ist dazu offenbar nicht in der Lage gewesen.

Der Hinweis auf Elterntrainings oder Beratungsgespräche wird von den Eltern allerdings ignoriert, und so geht es weiter und weiter. Jonte bringt Gummibärchen zum Frühstück mit, obwohl das in der Einrichtung verboten ist. Gehen alle Kinder gemeinsam nach draußen, wirft er sich in eine Ecke und besteht darauf, keine Lust zu haben.

Schließlich besucht er mit seinen Eltern einen Freund aus der ehemaligen Krabbelgruppe in dessen Einrichtung und befindet, dass diese ihm viel besser gefällt. Woraufhin seine Eltern ihn flugs in der alten Kita ab- und in der neuen anmelden. Wie nicht anders zu vermuten, hört man anschließend aus der neuen Kita die alten Geschichten...

Auch die Eltern wollen partizipieren

Partizipation gilt natürlich nicht nur für die Kinder, sondern auch für die Eltern. Auch sie sollen an den Dingen, die in der Kita passieren, angemessen beteiligt werden. Schauen wir in die Qualitätsprogramme, so ist diese Forderung dort explizit niedergeschrieben.

Das ist nicht grundsätzlich schlecht, natürlich freuen wir uns oft auch über Anregungen aus der Elternschaft. Viele unserer Eltern wollen sich gerne in die Kita-Arbeit mit einbringen und kommen regelmäßig mit Vorschlägen für Unternehmungen und Projekte.

So weit, so gut. An einigen dieser Vorschläge merkt man allerdings, dass die Perspektive der Einrichtung, und vor allem die der Erzieherinnen, bei diesen Vorschlägen nur selten berücksichtigt wird. Da sind zum einen die unendlich vielen Ideen, was man doch mit der ganzen Kita-Truppe an Feiertagen und an Wochenenden unternehmen könnte. Und da ist die regelmäßige Überraschung, wenn diese Ideen von den Erzieherinnen bisweilen abgelehnt werden. Mit dem zarten Hinweis, dass auch Erzieherinnen ein Leben außerhalb der Kita haben, eigene Familien und Freunde, mit denen sie an solchen Tagen vielleicht einfach mal etwas ohne »ihre« Kita-Kinder und -Eltern unternehmen möchten. Wenn man die Gedankenlosigkeit und Anspruchshaltung sieht, die aus solchen Elternvorschlägen spricht, wundert man sich im Grunde nicht mehr, dass viele Kinder glauben, Erzieherinnen lebten sicherlich ausschließlich in der Kita. Tatsächlich ist oft die Überraschung groß, wenn sie zum ersten Mal einem Kita-Kind auf offener Straße begegnen. Die leichte Verunsicherung darüber, was denn die »Kindergartentante« dort außerhalb ihres normalen Lebensraumes macht, ist immer wieder sehr süß.

Um das deutlich zu sagen: Erzieherinnen sind für Projektideen der Eltern immer offen und dankbar. Häufig kommen diese auf Ideen, die wir nicht hatten oder haben konnten, oft hat ein Elternteil Verbindungen, die sich für eine schöne Aktion mit der Kita nutzen lassen. So etwas ist Partizipation, wie sie sein soll, und es gibt keine Erzieherin, die das nicht zu schätzen weiß. Wer ist schon gegen Unterstützung in einem so anspruchsvollen Job. Es gab beispielsweise einmal eine Mutter, die die Idee zu einem Verkehrsprojekt hatte und sich auch intensiv an der Umsetzung beteiligte. Unter anderem stellte sie eine Mitmach-Box zur Verfügung. Das war für alle Beteiligten sehr befriedigend, und es sind solche Momente, die einen aus der häufigen Verzweiflung an diesem Job immer wieder herausholen.

Indes: Häufig endet der Wille zur Partizipation von Eltern auch dort, wo es unangenehm wird. Und wo könnte es unangenehmer werden als beim Geld.

Konkret heißt das: Projekte werden zwar gerne gefordert, doch ungerne gefördert. Die meisten dieser Ideen lassen sich nun mal nicht kostenlos umsetzen, und sobald es ums Bezahlen geht, laufen wir als Erzieherinnen wochen- oder monatelang hinter dem Geld her. Viele bezahlen auch einfach gar nicht. Häufig geht es dabei nur um eine kleine Kostenbeteiligung von ein paar Euro, doch selbst das scheint die Partizipation und der Spaß ihrer Kinder diesen Eltern dann doch nicht wert zu sein. Vor einiger Zeit wurde in einer Einrichtung auf den Vorschlag von Eltern hin ein Reitausflug organisiert. Für diesen wurde eine Teilnahmegebühr fällig, die von den meisten Eltern bis heute nicht beglichen wurde.

Da diese schlechten Erfahrungen immer häufiger gemacht werden, sind viele Kitas dazu übergegangen, erst das Geld einzusammeln, bevor eine Aktion zustandekommt. Das führt logischerweise dazu, dass letztendlich dann viele Ideen doch nicht umgesetzt werden können. So wie der Theaterbesuch, den ein Elternpaar einer Kollegin vorschlug. Fast alle Eltern reagierten sehr positiv, ja, fast begeistert auf den Vorschlag. Nur zahlen wollte dafür kaum einer. Also fiel der Theaterbesuch aus. Auch Ideen zur Ausweitung des Kita-eigenen Programms scheitern oft daran, dass wir den Eltern klarmachen müssen, dass dann etwas höhere Kosten auf sie zukommen könnten. Hochqualifizierte Kreativarbeit können wir mit Bordmitteln nun mal nicht auf dem Niveau einer privaten Kinder-Kunst-Schule durchführen. Da müsste ein Extra-Beitrag erhoben werden, was in der Regel niemand will.

Schaut man in die Qualitätsprogramme, so ist in einigen formuliert, dass die Zusammenarbeit mit den Familien durch eine positive Beziehung zwischen Leitung und Erzieherinnen auf der einen Seite sowie den Eltern auf der anderen Seite geprägt sein solle. Allerdings wird sogar im Rahmen der Programme immer wieder darauf hingewiesen, dass es sich bei Familie und Kita um zwei unterschiedliche Systeme mit eigenen Aufgaben, Regeln und Abläufen handelt.

Trotzdem sehen viele Eltern in uns eine Art Fortsetzung der häuslichen Gegebenheiten. Umso wichtiger ist es, immer wieder darauf hinzuweisen, dass Kita-Arbeit eben nicht die indirekte Weiterführung der Elternarbeit und des Familienlebens bedeutet. Allein aufgrund der vielen unterschiedlichen Kinder mit ganz verschiedenen Hintergründen muss unsere Arbeit einem bestimmten Konzept und bestimmten Strukturen folgen, die logischerweise nicht die Struktur jeder einzelnen Familie aufgreifen und abbilden können. Elternpartizipation besteht insofern auch darin, dass diese sich vor der Anmeldung des Kindes klarmachen, dass hier ein grundlegender Unterschied bestehen wird, den sie und ihr Kind zukünftig aushalten müssen. Nur so können sie bewusst die Entscheidung für eine Kita und gegen eine Nanny oder eine Tagesmutter treffen. Viele Eltern machen sich die Unterschiede nicht ausreichend bewusst, was dann in der Folge immer wieder zu unerfüllbaren Erwartungen an uns, zu langwierigen Diskussionen und mithin zu großen Enttäuschungen führt.

So ist die Formulierung in einigen der Programme, dass Kita und Familien zueinander passen und aufeinander abgestimmt sein sollten, wiederum eine jener weltfremden Vorstellung der Theoretiker. Die beiden Systeme sind eben tatsächlich unterschiedlich, und die Kinder sind in der Regel sehr wohl in der Lage, sich dieser Unterschiedlichkeit anzupassen und mit dem jeweiligen System gut umzugehen.

In den Programmen wird mitunter auch gefordert, dass eine enge Zusammenarbeit mit den Eltern im Hinblick auf ihre Beteiligung an konzeptionellen Dingen bestehen soll. Die Partizipation soll also so weit gehen, dass viele wesentliche Entscheidungen, die nur die Führung der Kita angehen, auch von Eltern mit entschieden werden sollen. Dazu gehören Fragen des Kita-Konzeptes oder auch Neu- und Umgestaltungen der Räumlichkeiten.

Das klingt für Eltern und in der Theorie toll, kann in der Realität allerdings eine Illusion sein. Die Entscheidungshoheit über solche Dinge kann nur bei der Kita liegen. Hier arbeiten die pädagogischen Fachkräfte, hier sehen sie jeden Tag, was an Anforderungen und Notwendigkeiten da ist, und können auf dieser Grundlage solche Entscheidungen treffen. Die Partizipation der Eltern sollte darin bestehen, dass sie zeitnah über alle Entscheidungen informiert werden. Vorschläge werden natürlich immer gerne aufgenommen, die Entscheidungen müssen jedoch intern getroffen werden. Alles andere ist eine extrem ineffektive Vorgehensweise, und wir haben ja bereits einen Eindruck davon vermittelt, wie viel Effektivität für unsere tägliche Arbeit angesichts der vielen Ansprüche, denen wir uns gegenübersehen, bedeutet.

Ein weiterer Punkt der Elternpartizipation ist die sogenannte regelmäßige Evaluation, also eine Erhebung darüber, wie die Zufriedenheit aufseiten der Eltern ist und welche Wünsche von dieser Seite bestehen. Danach soll eine Veröffentlichung der Ergebnisse erfolgen, so stellen sich die Autoren einiger Programme das vor. Problem auch dabei: Diese Evaluation erfolgt in der Regel einseitig. Die Eltern können sich auslassen, ihren Frust abladen und alles aufschreiben, was sie stört. Dieselbe Möglichkeit wird den Erzieherinnen jedoch nicht gegeben. Sie haben zu schlucken, was da von der anderen Seite kommt, und anschließend dafür zu sorgen, dass alles besser wird. Dabei wäre es enorm wichtig, dass auch die Probleme vonseiten der Erzieherinnen in der Zusammenarbeit deutlich gemacht werden. Nur so könnten auch Eltern ihre Verantwortung übernehmen und ihren Beitrag zur Veränderung der Situation leisten. Doch wie so oft kommen die Erzieherinnen in zu vielen theoretischen Konzepten nur als passives, aufnehmendes und ausführendes Element vor.

Die Autoren der Qualitätsprogramme sprechen von der Erziehungspartnerschaft, die eine gegenseitige Akzeptanz befördern soll, die sich wiederum positiv auf die Zufriedenheit der Eltern und auf die pädagogische Arbeit der Erzieherinnen auswirken soll. Dem Kind, so heißt es da sinngemäß, schenke eine respektvolle und interessierte Beziehung auf Vertrauensbasis zwischen Eltern und Erzieherinnen Sicherheit und Geborgenheit. Darüber hinaus sei das für sie ein Modell für die Gestaltung sozialer Interaktionen. Wenn man sich demgegenüber anschaut, wie in der Realität diese Beziehungen aussehen können, wie Erzieherinnen von Eltern als Bedienstete und Befehlsempfänger behandelt werden, kann man nur hoffen, dass kein Kind darin ein Modell für die Gestaltung sozialer Interaktionen sieht.

Bringschuld der Eltern

In einigen der Qualitätssysteme ist die Bringschuld der Erzieherinnen eingehend beschrieben, da bleiben kaum Fragen offen. Was das Modell der Partizipation von Eltern vollkommen übersieht und offenbar noch nie aufgeschrieben wurde, ist allerdings die Bringschuld der Eltern. Das Ergebnis kann man in der täglichen Praxis mancher Einrichtung sehen. Es führt dazu, dass Eltern ihrer Verantwortung und ihren Pflichten häufig nicht nachkommen. Das Spektrum reicht hier von nicht mitgebrachter Wechselwäsche und unangemessener Kleidung der Kinder über unangebrachtes Frühstück bis hin zum Fehlen bei Veranstaltungen. Auch die Bring- und Abholzeiten, die Bezahlung oder die Informationspflicht werden nicht berücksichtigt. Nichts von alldem wird ernst genommen, und alles, was dort von Eltern nicht geleistet wird, soll die Kita abfedern.

Informationen, die von der Kita mündlich und schriftlich zur Verfügung gestellt werden, auch jene, die Eltern noch vor der Aufnahme des Kindes in die Einrichtung erhalten, müssen eben auch gelesen und wahrgenommen werden. Solche Informationen haben bisweilen Folgen und erfordern als Reaktion von den Eltern entsprechende Verhaltensweisen, Handlungen oder auch Mitarbeit. Das ist dann eine Form der Partizipation, die vom Kita-Personal eingefordert wird, und man hat nicht selten den Eindruck, dass es sich dabei dann plötzlich um »schlechte Partizipation« handelt, im Gegensatz zur »guten«, die dafür sorgen soll, dass der Elternwille eins zu eins umgesetzt wird.

Die Erziehungspartnerschaft beziehungsweise -zusammenarbeit ist eigentlich definiert durch beiderseitige Verantwortungsübernahme und vertrauensvolle Zusammenarbeit. Im Kita-Alltag hat mittlerweile allerdings eine wesentliche Verschiebung hin zur dauernden Verantwortungsübergabe und permanenten Leistungsanforderung gegenüber der Erzieherin, der Leitung und der Einrichtung im Allgemeinen stattgefunden. Die Ursache liegt darin, dass die Partizipation von Eltern als unbegrenzt erscheint und ihre Aufgaben, Pflichten und Arbeiten innerhalb der Erziehungspartnerschaft nirgendwo vernünftig definiert sind. Auch liegt es daran, dass die Erzieherin als eigenständige Rubrik in einigen Qualitätssystemen und Konzepten nicht existiert. Dieser Bereich müsste dringend entwickelt werden, damit die Erzieherin nicht immer nur mit Anforderungen konfrontiert ist, sondern auch entdecken darf, was ihr Job sonst noch zu bieten hat: Möglichkeiten und Mittel, ihre eigene Handlungsfähigkeit zu verbessern. Arbeitsbereiche, Bedürfnisse, Pausen, Gesundheitsförderung, Grenzen, ja, auch die Partizipation der Erzieherin: All das sind Bereiche, die die moderne Frühpädagogik erst noch zu entdecken hat.

Wenn jeder sich nur noch individuell entwickelt, ist »Gesellschaft« nicht mehr möglich!

Leider haben die Kita-Konzepte der letzten Jahre die Entwicklung stark in eine Richtung geprägt, die die totale Individualisierung predigt. Wenn das Schlagwort von der »Individualpädagogik« fällt, sollten Eltern ruhig schon mal kritisch nachfragen, wie das denn in der betreffenden Einrichtung genau aussieht. Denn hier ist einer der ganz entscheidenden Knackpunkte der Frühpädagogik, bei denen ein scheinbar modernes Konzept dafür sorgt, dass alle Beteiligten unter einem enormen Stresspegel stehen, der sie frühzeitig ausbrennen lässt.

Wie das aussehen kann, hat eine Praktikantin in einer Kita erlebt, die sehr konsequent nach einer Individualpädagogik tätig war.

In dieser Einrichtung vertrat die Leitung die Ansicht, dass alles, was zur Kindesentwicklung gehört, von alleine käme. Wenn Kinder nur toben wollen, dann toben sie. Wenn Kinder nur schaukeln wollen, dann schaukeln sie in dem dafür vorgesehenen Turnraum. Jedes Kind suchte sich aus, was es den Vormittag lang machen wollte. Von den Erzieherinnen wurden zwar Angebote für Beschäftigungen wie Basteln, Werken oder Singen gemacht, aber jeder durfte, keiner musste mitmachen. So weit, so gut. Ein Kind hatte sein Interesse für Wasserspiele im Waschraum entdeckt. Dass am Ende der ganze Waschraum nass war und kein anderes Kind mehr ohne nasse Füße zu bekommen zur Toilette gehen konnte, war egal. Die Auskunft der Leitung war: »Es interessiert sich für das Wasser, lass es damit spielen, so lange es möchte.« Selbst als die Gruppenerzieherinnen zum gemeinsamen Abschlusskreis riefen, durfte das Kind das Wasser weiter laufen lassen. Einige andere Kinder hatten keine Lust aufzuräumen. Auf Nachfrage der Praktikantin, ob das so in Ordnung sei, kam die Antwort: »Wenn sie nicht wollen, dann müssen sie nicht.« Frei nach dem Motto: »Nichts muss, alles kann«. Die Krönung, und sehr gern von den Kindern genutzt, waren die frei zur Verfügung stehenden Musikinstrumente. Dazu gehörten ein Keyboard, Triangeln, Tambourine und was man sonst noch an Instrumenten in Kindertageseinrichtungen findet. Die Kinder liefen freudig mit ihnen durch die gesamte Einrichtung. Und tatsächlich war es so, dass die Leiterin sich des Öfteren bei der Erledigung der notwendigen Verwaltungsdinge im Büro Lärmschutzkopfhörer aufsetzte, da nebenan die Kinder munter die Musikinstrumente malträtierten. Lerneffekt: Wir machen, was wir wollen, wann wir wollen, ohne Rücksicht auf die Bedürfnisse anderer. Die Frage, ob es Kinder in der Einrichtung gab, die ein Bedürfnis nach Ruhe hatten, schien egal zu sein.

Weiter schienen die Kinder zu denken: Auch die Erwachsenenwelt richtet sich komplett nach uns. Wenn wir Krach machen wollen, setzen die Erwachsenen halt Kopfhörer auf. Es reizt einen geradezu, darüber zu spekulieren, was wohl passiert, wenn diese Kinder erwachsen geworden sind und einmal eine Mietwohnung mit diversen Nachbarn Wand an Wand bewohnen. Ob sie dann das Glück haben, dass die alle genauso aufgewachsen sind und selbst Krach machen, wann und so laut sie wollen?

Das Erwachen kam an dem Tag, als die Praktikantin die Gruppenerzieherin bei einem Vorschulbesuch begleitete. Die Aufgabe war es, einen Raben auszuschneiden. Nur zwei Kinder von immerhin zehn konnten mit der Schere umgehen und ließen ihren Raben am Ende des Schneidens auch noch als solchen erkennen.

Eine Kollegin, die eine Weile in Amerika gelebt hatte, berichtete, dass diese Art der Individualpädagogik auch dort für eine Weile eingeführt, allerdings genauso schnell wieder abgeschafft worden war, da die Amerikaner nach einer relativ kurzen Zeit des Ausprobierens merkten, dass die Möglichkeit für Kinder, jederzeit tun und lassen zu können, was sie wollen, zu keiner guten gesellschaftlichen Entwicklung führte. In den letzten Jahren sind auch in Deutschland mehrere Bücher erschienen, die diese Auswüchse kritisieren, man kann wirklich nur hoffen, dass da möglichst schnell ein Umdenken stattfindet.

Wozu diese übertriebene Individualisierung führen kann, sehen wir heute bereits auf dem Arbeitsmarkt. Arbeitgeberverbände, Betriebe und Ausbildungsstätten klagen erheblich über die Einstellung von Auszubildenden zur Arbeit. Beliebte Kommentare, die Ausbilder und Chefs immer wieder zu hören bekommen, sind: »So habe ich mir das nicht vorgestellt«, »Das ist ja viel zu anstrengend« oder auch einfach »Dazu habe ich keinen Bock!«. Viele dieser jungen Menschen haben einfach nie gelernt, was es heißt, eine Arbeit zu erledigen, die gerade mal nicht ihrer individuellen Tagesform entspricht. Und diese Entwicklung beginnt leider auch bei uns in den Kitas, indem wir den Kindern laufend suggerieren, das ganze Leben sei ein Spiel, in dem es immer nur nach ihrer Nase geht.

Übrigens brauchen wir uns, um diese Erkenntnis zu haben, noch nicht einmal aus der Kita-Sphäre wegzubewegen. Denn viele Einrichtungen sind ja auch Ausbildungsstätte für angehende Erzieherinnen und erleben die Entwicklung genau so wie eben beschrieben. Wir haben heute folgende Situation: Die eine Hälfte der zukünftigen Erzieherinnen ist motiviert, möchte etwas lernen und zeigt den nötigen Respekt, den man Vorgesetzten und Ausbildern nun einmal entgegenzubringen hat. Die andere Hälfte ist schlicht und ergreifend eine Katastrophe. Sie kommen zu spät und haben dafür zwar keine Entschuldigung, aber jede Menge fadenscheinige Erklärungen. Sie werfen sofort die Flinte ins Korn, wenn ihnen die Anforderungen zu hoch erscheinen. Sie werden ein ums andere Mal frech gegenüber denen, die sie ausbilden. Es ist ein Grad der emotionalen und psychischen Unreife, der jeden Tag aufs Neue entsetzt.

Diese angehenden Erzieherinnen werden ja schließlich auch auf die Kinder »angesetzt«. Sie sollen mit ihnen arbeiten und ihnen Orientierung bieten. Es gibt da in der Regel keine Schonfrist, sondern alle sind sofort mittendrin in der täglichen Arbeit. Learning by doing, eigentlich kein schlechtes Konzept. Die Szenen jedoch, die sich einem da täglich bieten, kann man nur als totales Chaos bezeichnen. Es ist unerträglich laut, durch den Lärmpegel steigt die Aggression in der Gruppe. Einige Kinder halten sich schon die Ohren zu, die Stimmung schraubt sich immer weiter nach oben. Obwohl die Situation weder für Kinder noch für Erwachsene auszuhalten ist, kommt kaum eine der baldigen Erzieherinnen auf die Idee, etwas zu unternehmen, um für Ruhe zu sorgen. Sie schauen nur hilflos oder gar uninteressiert auf die Szene. Dieselben Erlebnisse hat man häufig genug auch bei Berufsanfängerinnen, die in ihrer Ausbildung zwar intensiv gelernt haben, was Partizipation ist, allerdings nie, wie man Kindern Grenzen setzt.

Prinzipiell erreichen wir mit dem Konzept der Partizipation möglicherweise genau das Gegenteil von dem, was sich vielleicht der eine oder andere Pädagoge ursprünglich einmal davon erhofft hat. Der Gedanke der »Teilhabe« mag im ersten Moment sehr attraktiv, sogar sehr sozial klingen. Er suggeriert, das Gegenteil von Ausgeschlossensein zu meinen, alle einzubinden und somit auch eine Gemeinschaft zu begründen, in der jeder etwas gilt.

In der Realität ist genau das Gegenteil der Fall. Partizipation in Bezug auf die Kinder meint in manchen Fällen lediglich, dass niemand sich nach Vorgaben richten muss, sondern jeder frei entscheiden kann, was er wann und wo machen möchte. Das führt nicht zu sozialer Eingebundenheit, sondern zu grenzenlosem Individualismus, gepaart mit einer latenten Überforderung der Kinder, die mit so viel Entscheidungsfreiheit gar nicht umgehen können. Die ultimative Forderung nach individueller Entwicklung der Kinder macht sie zu den kleinen Prinzen, Tyrannen und Monstern, über die wir immer wieder lesen können und die jeder von uns, wenn er ehrlich zu sich selbst ist, immer mal wieder erlebt. Man muss es ganz klar sagen: Wenn jeder Mensch sich nur noch individuell entwickelt, ist Gesellschaft irgendwann nicht mehr möglich. Wir sind heute auf dem besten Weg, lediglich ein Haufen zusammengewürfelter Individuen zu sein, die alles sprengen, was wir im positiven Sinne unter Gesellschaft verstehen. All die Fälle unfassbarer Brutalität, von denen wir nur einen Bruchteil überhaupt mitbekommen, wenn sie es denn in die überregionale Presse geschafft haben, sind beispielsweise sichtbarer Ausdruck dieser Entwicklung, die geeignet ist, um uns ins Chaos zu stürzen. Denn wo sollen Empathiefähigkeit und Rücksichtnahme herkommen, wenn wir schon kleinen Kindern ständig suggerieren, es ginge nur um ihre eigenen Wünsche?

Wie weit verbreitet diese Suggestion ist, kann man jeden Tag in der Kita erleben. Eine Mutter erzählte kürzlich, ihr zweijähriger Sohn habe den Namen der neugeborenen Schwester ausgesucht. Das lief dann so, dass die Eltern vorab eine Liste mit möglichen Namen, die ihnen gefielen, aufgestellt hatten. Doch statt davon einen auszuwählen, präsentierten sie die Liste dem Zweijährigen. Offenbar haben sich die Eltern tatsächlich mit dem Kind hingesetzt und einen Namen nach dem anderen vorgelesen. Jedes Mal wurde die Nennung eines neuen Namens mit einem Nein quittiert, was konsequenterweise zur Folge hatte, dass dann auch wirklich keiner dieser Namen eine Chance hatte. In der Folge wurde so lange nach Alternativen gesucht, bis schließlich endlich ein Name gefunden war, der vor den Augen und Ohren des Brüderchens bestehen konnte. Und der musste es dann natürlich auch werden. Ob die Eltern ihrer Tochter jemals erzählen werden, wie sie zu ihrem Namen gekommen ist?

Dasselbe Kind kam mit drei Jahren in die Kita. Manchmal wird er von Mama und Tante abgeholt, bisweilen ist auch die kleine Schwester auf dem Arm dabei. Dann wird der Junge grundsätzlich gefragt, wer denn auf dem Nachhauseweg die Schwester tragen dürfe. Meist bockt er dann, geschafft vom Kita-Vormittag, und gibt einfach gar keine Antwort. Dann läuft es immer ähnlich ab: Die Mutter fragt, das Kind bockt. Die Mutter fragt noch einmal, das Kind bockt wieder. Es folgen ein oder zwei weitere Nachfragen (die Tante steht daneben und sagt gar nichts zu dem ganzen Schauspiel), dann entschließt sich die Mutter, der Tante die kleine Schwester auf den Arm zu geben. Augenblicklich erwacht der Kleine aus seiner Sprachlosigkeit, beginnt zu schreien, was das Zeug hält, trampelt mit den Füßen auf dem Boden herum, brüllt und brüllt und brüllt. Und zwar brüllt er in der Regel, dass er nicht will, dass die Tante die kleine Schwester trägt. Dann fragt die Mutter mit schmeichelnder Stimme, ob es denn dann doch besser sei, wenn sie selbst das Baby auf den Arm nehme, was der Junge in der Regel mit einem immer noch gebrüllten Ja quittiert. So gibt dann die Tante das kleine Mädchen zurück auf den Arm der Mutter, und die vier ziehen von dannen.

Nach einiger Zeit in der Einrichtung hat sich dieser Junge »seiner« Bezugserzieherin angeschlossen, was im Grunde eine gute Sache ist. Trotzdem hat natürlich auch diese Erzieherin Anspruch auf freie Tage oder ist mal krank. Als das das erste Mal vorkam, stand sofort die Mutter auf der Matte und beschwerte sich bitterlich über diesen Zustand. Sie sei nicht sicher, ob ihr Kind mit dieser Situation klarkomme, und sehe da große Schwierigkeiten. Wie sie sich das Prozedere vorstellte, ob wir die Kollegin aus dem Urlaub oder bei Krankheit aus dem Bett holen sollten, sagte sie allerdings nicht.

Natürlich zog sich bei diesem Kind auch die Eingewöhnungszeit erheblich hin. Auch nach zwei Wochen durfte die Mutter noch nicht gehen. In diesen zwei Wochen hatte sie jeden Tag den kompletten Kita-Tag mitgemacht, während die Tante zu Hause die kleine Schwester hütete. Jedes Mal, wenn das Kind von der Mutter gefragt wurde: »Darf die Mama denn jetzt gehen?«, lautete die Antwort »NEIN!«. Und mit jeder erneuten Frage kam dieses »Nein« eine Spur mauliger rüber.

Eine andere kleine Begebenheit aus dem Erziehungsalltag ist folgende: Ein Junge wird von seiner Mutter abgeholt. Er sitzt am Tisch und ignoriert das »Hallo, mein Süßer!«. Die Mutter hockt sich an den Tisch neben ihm und fragt, ob er jetzt mit nach Hause käme. In dem Moment wendet sich der Junge ihr zu und schlägt ihr mit Wucht ins Gesicht. Nach einem kurzen Schreck kommentiert sie den Schlag mit: »Muss doch nicht sein, mein Süßer!« Er springt auf, rast in die Garderobe und tritt einer anderen wartenden Mutter auf die Füße und der dritten, die mit dem Rücken zu ihm steht, verpasst er einen Klaps auf den Po. Seine Mutter ist ihm bis dahin gefolgt und lacht, während die beiden anderen etwas pikiert dreinschauen. Eine Ermahnung in Richtung ihres Sohnes gibt es von ihrer Seite nicht. Diese Mutter, die mit der

Geburt des zweiten Kindes aus dem Beruf ausgestiegen ist, beschwert sich auch gerne bei Kolleginnen, dass sie völlig überfordert ist und das Leben mit zwei Kindern einfach nicht schafft. Wenn ihr Mann ein paar Tage beruflich unterwegs ist, zieht grundsätzlich eine gute Freundin bei ihr ein, weil ihr der Alltag mit zwei Kindern zu anstrengend ist.

Es lässt sich leicht erkennen, dass es sich bei dieser Art von Erziehung eigentlich eher um Nicht-Erziehung handelt. Das Kind lernt einzig und allein, dass sich die Welt nur um es selbst dreht. Es kann alle und alles um sich herum steuern, nach Belieben bestimmen und bekommt nie signalisiert, dass andere Menschen auf der Welt sind, die auch Bedürfnisse und Ansprüche haben. Es ist quasi allein auf der Welt, um es herum sind nur Dienstleister, die als Menschen keine Rolle spielen. Die Zwei- oder Dreijährigen können das natürlich noch nicht reflektieren, sie reagieren nur so, wie es ihnen von ihrem Umfeld vorgegeben wird. Leider werden sich auf diese Weise jedoch eine ganze Menge Nervenzellen nicht bilden, die dafür zuständig sind, dass dieser Mensch als Erwachsener auf angemessene Weise mit seinen Mitmenschen umgeht. Da sind sowohl der Egoismus wie auch eine verringerte Leistungsfähigkeit aufgrund des Nichtaushaltens von Widerspruch vorprogrammiert, wenn nicht im weiteren Verlauf der Kindheit Menschen da sind, die diese Kinder ihre Grenzen spüren lassen.

Hier ein Beispiel aus dem Lebensalltag eines Kindes: Ein Restaurant zur Weihnachtszeit, vollständig ausgebucht und besetzt. Am Tisch eine Familie mit einem Fünfjährigen. Als er aufgegessen hat und ihm langweilig wird, steht er selbstständig auf und rennt quer durch den vollen Laden. Jedes Mal, wenn er am Stuhl eines Gastes vorbeiläuft, schlägt er mit der Hand auf die Rückenlehne, scheint jedoch enttäuscht, dass kaum jemand Notiz davon nimmt, weil alle ins Gespräch vertieft sind. Von den Eltern, die das Verhalten ihres Sohnes beobachten: keine Reaktion. Der Fünfjährige denkt sich also flugs ein neues Spiel aus: Er bleibt an verschiedenen Tischen stehen und ruft laut: »Piiiieks!« Das scheint ihn zu amüsieren, sodass er es mehrfach wiederholt. So lange, bis doch plötzlich eine Frau aufsteht und ihn genervt zurechtweist: »So, mein Freund, es reicht! Geh zurück zu deinem Tisch oder nach draußen, aber lass uns hier in Ruhe!« Die Irritation über die plötzliche Ansage ist dem Kind anzusehen, das sich an seine Mutter wendet. Diese zeigt jetzt zum ersten Mal überhaupt eine Reaktion: Mit einem leicht verächtlichen Blick zum Nebentisch sagt sie zu ihrem Sohn: »Die Frau möchte nicht, dass du spielst, das macht sie ärgerlich. Dann musst du jetzt wohl damit aufhören.«

Natürlich hat diese Art der Nicht-Erziehung direkten Einfluss auf die tägliche Arbeit in den Kitas. Da gibt es Kinder und Eltern, die nicht akzeptieren wollen, dass es in manchen Einrichtungen üblich ist, die Erzieherin mit »Frau« und dem Nachnamen anzusprechen. Sie sind es gewohnt, Erwachsene beim Vornamen zu nennen, und es versteht sich fast von selbst, dass Kolleginnen vorgeschlagen wird, sich doch den Gewohnheiten der Kinder zu beugen.

Von einer anderen Einrichtung berichtete ein Kollege Folgendes: Ein Kind mochte keines der angebotenen Getränke. Er führte wochenlange Diskussionen mit den Eltern dieses Kindes, die vorschlugen, doch andere Produkte zu kaufen, die Lieferanten zu wechseln und so weiter. Häufig genug wurde der Kollege im Beisein des Kindes darauf angesprochen. Leitungswasser wurde nicht akzeptiert. Dabei hat sich ja inzwischen herausgestellt, dass die Trinkwasserqualität in Deutschland sehr gut ist. Am Ende dieses Machtkampfes war der Erzieher erschöpft und das Kind brachte ab da sein eigenes Getränk mit.

Wir könnten etliche weitere Beispiele nennen, die den Rahmen dieses Buches sprengen würden. Doch an dieser Stelle noch eine schöne Geschichte, die zeigt, wie oft wir eigentlich gar nicht mehr wissen, ob wir über all das lachen oder weinen sollen. Dabei handelte es sich um eine Mutter, die zu einer Kollegin kam und ihr empört berichtete, ihr Sohn habe große Probleme mit ihr. Da sich das Anliegen sehr dramatisch anhörte, hielt die Kollegin es für angemessen, einen Gesprächstermin zu vereinbaren, anstatt das fragliche Thema zwischen Tür und Angel zu klären. Die Anfrage der Mutter muss wirklich so dramatisch geklungen haben, dass die Erzieherin nicht einmal auf die Idee kam, direkt nachzufragen, worum es denn ging.

Zum vereinbarten Termin erschien die Mutter dann auch pünktlich im Büro der Einrichtung und begann blumig zu umschreiben, dass ihr Sohn mit der betreffenden Kollegin einfach nicht klarkäme. Endlich fragte die Erzieherin die Mutter, ob sie denn eine Erklärung dafür habe, dass sie so ausgesprochen negativ auf das Kind wirke. »Natürlich«, war die Antwort der Mutter, und mit heiligem Ernst in der Stimme fuhr sie fort: »Sie haben keine bunten Haare! Mein Sohn mag es, wenn in den Haaren bunte Strähnen sind. Und die fehlen Ihnen ja nun so gänzlich!«

Sie fragen sich jetzt, ob wir uns diese Geschichte ausgedacht haben, weil wir vielleicht einfach mal schauen wollten, was uns der Leser wohl so alles glaubt? Nein, leider hat sie sich genau so zugetragen, und sie gehört unbedingt hier herein, weil sie die Absurdität unseres Alltags so wunderbar illustriert. Überflüssig zu erwähnen, dass wir natürlich auch jederzeit eine Geschichte aus dem Hut zaubern könnten, in der eine kleine grün oder rot gefärbte Haarsträhne bei einer Erzieherin eben das Problem darstellt.

Das wäre alles auszuhalten, wenn es sich dabei um Ausnahmen handeln würde. Natürlich hat es zu allen Zeiten Kinder gegeben, die die Erzieherinnen zur Weißglut getrieben haben, und natürlich hat es auch immer schon Eltern gegeben, bei denen in verschiedener Hinsicht Hopfen und Malz verloren schien. In den letzten Jahren allerdings haben sich solche Situationen mit unterschiedlichsten Kindern und Elternteilen jedoch explosionsartig vermehrt. Wir stehen vor einer Situation, in der diese Sorte Kinder und Eltern langsam die Mehrheit in deutschen Kitas stellen und damit auch die Wahrnehmung von außen massiv verändern. Es führt nämlich dazu, dass bestimmte Verhaltensweisen allmählich als normal angesehen und gerade auch von jüngeren Kolleginnen gar nicht mehr hinterfragt werden. Geschweige denn von anderen Eltern. Dadurch geraten wir langsam aber sicher ständig in die Defensive, werden als Querulanten abgestempelt und schief angesehen. Uns ist völlig klar, dass auch die Ausführungen in diesem Buch von so manchem mit einem heftigen Stirnrunzeln wahrgenommen werden. Doch das nehmen wir in Kauf, wenn es dafür an anderer Stelle zum Nachdenken anregt und Veränderungen anstößt. Wie wir uns diese Veränderungen vorstellen können, beschreiben wir am Ende des Buches.

Lauter »pädagogische Happen« oder:

Illusion und Realität in der Kita-Welt

Eingangs haben wir bereits die 1789 Kreuze erwähnt, die zur Beurteilung des Personals und damit auch der Einrichtung gemacht werden sollen, während Erzieherinnen sich eigentlich lieber um »ihre« Kinder kümmern würden. Diese Kreuze sind ebenso das Ergebnis der Erstellung eines Qualitätssystems für Kindertageseinrichtungen wie diverse Anforderungen an uns Erzieherinnen, die so gut wie immer diametral der Realität entgegenstehen.

Es gibt einen Markt für diese Qualitätssysteme, und dieser Markt ist umkämpft. Verschiedene Institute, Wissenschaftler, Pädagogen und andere Experten konkurrieren darum, sich mit ihrer Variante durchzusetzen, ihr Fachwissen zu verkaufen und damit viel Geld zu verdienen. Es ist ein ähnliches Geschäft wie das mit den bereits beschriebenen Fortbildungen. Denn, machen wir uns nichts vor, es geht in erster Linie ums Geld. Pädagogische Ideen sind nur dann etwas wert, wenn man sie an diejenigen verkaufen kann, die sie umsetzen sollen. Ob letztendlich auch nur eine dieser Ideen funktioniert, spielt dabei so gut wie keine Rolle.

Die konkurrierenden Programme unterscheiden sich in methodischen Ansätzen sowie in den pädagogischen Ideen und Vorschlägen, ihnen allen ist jedoch eines gemein: In ihnen haben Theoretiker aufgeschrieben, wie die Praxis auszusehen hat. Das Problem dabei ist: Die Theorie liest sich sehr schön, hat aber mit der Praxis in der Regel nicht sehr viel gemein.

Die verschiedenen Programme verkaufen sich gut. Eine Goldgrube für jeden Verlag. Und für die Ersteller.

Da man die emotionale Bindung der Kinder an die Erzieherinnen und all die qualitativ hochwertige Arbeit nicht messen kann, die diese tagtäglich leisten, hat man nun durch die Qualitätssysteme noch eine Art Controlling für den Erzieherberuf. Effektives Arbeiten schon im Vorschulbereich. Wie in der Altenpflege. Man hat zwar nur noch ganz wenig Zeit für das Zwischenmenschliche, dafür hat man aber schön dokumentiert.

Ob das alles die Arbeit in den Einrichtungen besser macht? Nicht alle glauben das.

Mahlzeiten und Ernährung

Zu den menschlichen Grundbedürfnissen gehört mit Sicherheit die Nahrungsaufnahme. Schauen wir uns

134

doch einmal an, was ein solches Qualitätsprogramm für die Mahlzeiten in der Kita vorsieht.

Gefordert wird ein qualitativ gutes Angebot an Speisen und Getränken, präsentiert natürlich in einer positiven Atmosphäre in Form eines einladend gedeckten Tisches. Die Speisen sollen appetitlich angerichtet sein. Beides, die Präsentation der Speisen und die Tischdekoration, sind unbedingt notwendig, da sie nachweislich die Ernährungsgewohnheiten und die Fähigkeit zum Genuss beeinflussen. Ernährung, so lernen wir durch die intensive Lektüre des Programms, sei ein kulturelles und soziales Ereignis, das durch Rituale geprägt wird und den Geschmack der Kinder fördern wird.

Wow!

Wer bis dahin noch unbeeindruckt blieb, liest einfach weiter. Die Kinder sollen selbstverständlich ihre Tischnachbarn frei und selbstständig wählen können, damit sie intensive Unterhaltungen führen können. Sie sollen die Möglichkeit haben, Vorschläge für den Speiseplan einzubringen, und natürlich muss es eine Auswahl zwischen verschiedenen Speisen und Getränken geben.

Es versteht sich von selbst, dass jedes einzelne Kind nicht nur die Menge, die es essen möchte, selbst bestimmt, sondern auch sein ganz individuelles Esstempo. Grund: Nur so entwickelt sich eine Selbstregulation zwischen Hunger- und Sättigungsgefühl. Aus dem gleichen Grund ist es übrigens wichtig, dass jedes Kinder jederzeit zwischendurch Getränke und kleine Snacks zu sich nehmen kann.

Und die Erzieherinnen, was hat das Programm für sie vorgesehen? Nun, sie wirken unterstützend und berücksichtigen dabei die individuellen Bedürfnisse der Kinder. Diese kennen sie aus dem »ff«, denn natürlich haben sie im Vorfeld bereits eine Dokumentation für die gesamte Kita-Gruppe angelegt. Dort ist alles niedergeschrieben: Vorlieben, Abneigungen, Allergien, kulturell und religiös geprägte Ernährungsgewohnheiten. Und da sie all das sehr gut kennen, haben sie für die von der Norm (welche Norm eigentlich?) abweichenden Fälle diverse Alternativvorschläge entwickelt.

Selbstverständlich, so entnehmen wir dem Programm weiter, gehen die Erzieherinnen mit allen Kindern einkaufen, kochen und backen mit ihnen. Damit können sie ihnen die Erfahrung ermöglichen, wie die Mahlzeiten zubereitet werden, und sie können auch gleich (wie praktisch!) die typischen Essgewohnheiten anderer Kulturen beobachten und den Kindern nahebringen. Wenn etwas nicht selbst gemacht werden kann, sollen die Kinder die Möglichkeit haben, dem Personal in der Küche bei der Zubereitung auf die Finger zu schauen.

Es versteht sich von selbst, dass die dargebotene Ernährung allen aktuellen ernährungswissenschaftlichen und hygienischen Standards zu entsprechen hat.

Oh, wunderbare Kita-Welt! Eigentlich fehlen nur das Kerzenlicht und die leicht dahinplätschernde, angenehme Hintergrundmusik. Je nach Stimmung vielleicht eher was Klassisches oder auch ein wenig Blues und Jazz.

So weit zur Theorie. Wer das alles gelesen hat und es dabei schafft, den eigenen Alltag zu verdrängen, den umfängt ein wohliges Gefühl. So schön kann Kita sein! Der nächste logische Schritt sollte sein, den Gault-Millau und andere kulinarische Kritikerbibeln aufmerksam zu machen, damit es schon bald Fünf-Sterne-Kita-Restaurants geben kann.

Nachdem wir nun aber die Lektüre aus der Hand gelegt haben, wenden wir uns – grau ist alle Theorie – der bunten Praxis unseres täglichen Geschäfts zu. Dieses beginnt bei den meisten Erzieherinnen kurz vor 8 Uhr morgens. Und es hat, so viel sei vorab verraten, mit den Sterneküchenambitionen der Programme in der Regel herzlich wenig zu tun. Der Realisierung dieser Ambitionen stehen vor allem drei »Dinge« entgegen: die Kinder, die sich nun mal in der Kita befinden, das liebe Geld sowie wir, die Erzieherinnen als ausführende Instanz der Vorgaben.

8 Uhr morgens also, betrachten wir Uta, eine Erzieherin in einer durchschnittlichen Kindertagesstätte im Dunstkreis einer deutschen Großstadt. Nachdem Uta die Einrichtung betreten und sich ihrer Jacke sowie ihrer Straßenschuhe entledigt hat, beginnt sie, den

Essenswagen herzurichten und mit ihm in die Gruppe zu laufen.

In Utas Kita ist es so, dass die Kinder, die bereits vom Frühdienst betreut wurden, und diejenigen, die zur normalen Zeit gebracht werden und daheim noch nicht gefrühstückt haben, mit einem gemeinsamen Frühstück in den Tag starten sollen. Zuständig dafür ist jeweils eine Erzieherin, heute ist das Uta.

Utas Kita-Gruppe umfasst 23 Kinder, die heute gemeinsam mit ihr frühstücken sollen. Sie ist froh, dass wenigstens einige wenige dieser 23 bereits von sich aus am Tisch sitzen. Für die meisten Kinder gilt das nicht. Sie stehen am Tisch, hüpfen auf und ab, wackeln und kippeln auf ihren Stühlen, einige kriechen unter den Tisch, wieder andere laufen irgendwo durch den Raum.

Dass so wenige einfach nur am Tisch sitzen, hat in Utas Einrichtung tatsächlich auch einen handfesten Grund: das Mobiliar. Einigen Kindern sind die Stühle zu groß, sie reichen nicht mit den Füßen auf den Boden und können sich nicht »erden«, was die Unruhe schon mal begünstigt. Es gibt jedoch einen anderen Grund, der sehr viel häufiger dazu führt, dass es zu Beginn des Frühstücks kaum Tischgäste gibt: Diese Kinder dürfen sich nämlich daheim beim Frühstück aussuchen, wo sie essen wollen. Längst nicht alle werden dazu angehalten, am Tisch zu sitzen. Es gibt Kinder, die davon berichten, dass sie lieber auf der Fensterbank essen. Sehr beliebt ist auch das Essen vor dem Fernseher. Wieder andere liegen beim Essen dann doch lieber auf dem Boden und wälzen sich in ihrem Essen. Es gibt nichts, was es nicht gibt, jedes Mal, wenn Uta glaubt, alle Varianten bereits gehört zu haben, kommt ein Kind oder ein Elternteil und berichtet voller Unschuld von einer neuen Möglichkeit der morgendlichen Nahrungsaufnahme. Nur am Tisch scheinen die wenigsten zu sitzen.

In Utas Gruppe gibt es Finn. Finn ist vier Jahre alt und schüttet sein Müsli regelmäßig auf den Fußboden. Nachdem das einige Male vorgekommen war, entschieden sich Uta und ihre Kolleginnen dafür, ihm aufzutragen, dass er die Müslireste mit Kehrblech und Handfeger aufzufegen habe. Zunächst unterstützten sie ihn dabei, dann sollte er es alleine machen. Das Ergebnis: Finn schüttet weiter Müsli auf den Boden, ans Auffegen denkt er gar nicht, sondern er legt sich in das verschüttete Müsli, suhlt sich darin und führt hin und wieder einzelne Stücke aus dem Müsli zum Mund, um sie zu essen. Dass sowohl die anderen Kinder als auch Eltern, die ihre Kinder später bringen, ihn verwundert anschauen, merkt Finn nicht, oder es stört ihn nicht.

Es sei an dieser Stelle noch einmal darauf hingewiesen, dass es sich dabei erstens nicht um eine erfundene Geschichte handelt und zweitens um keinen bedauerlichen Einzelfall. Viele Erzieherinnen in Deutschland werden ähnliche Geschichten erzählen können.

Oft hat man beim Frühstück das Gefühl, in einer Art Unterhaltungsshow zu sitzen, manchmal sucht man auch verzweifelt nach der versteckten Kamera, weil wieder eine Situation eingetreten ist, die man noch nicht kannte und die die bisherigen Erlebnisse noch toppt. Nicht nur Uta, sondern auch wir und viele andere Erzieherinnen sind in einer Art Dauerschleife gefangen, in der wir den Kindern erklären, dass beim Essen nicht gesungen wird, dass Fäkal-Witze (von denen Drei- bis Sechsjährige jede Menge kennen, glauben Sie uns!) bei Tisch nichts zu suchen haben und auch Ekelstorys nicht dazu geeignet sind, den Appetit der Anwesenden zu steigern. Den Klassiker, dass man mit vollem Mund nicht reden soll, könnten Erzieherinnen im Grunde besser auf Band aufnehmen und in einer Endlosschleife abspielen.

Spannend ist es auch jedes Mal, wenn sie die Frühstücksdosen der Kinder öffnen und ans Tageslicht kommt, was die Eltern ihren Sprösslingen mitgegeben haben. Was glauben Sie, was Erzieherinnen da tagtäglich zu sehen bekommen? Neben den klassischen Frühstücksbroten und einigen gesunden Obststücken kommt eine breite Palette von Lebensmitteln zum Vorschein, die man nicht unbedingt zum klassischen Frühstück zählen würde. Den Übergang macht das gern verwendete Nutella auf Weißbrot. Das ist die harmloseste Variante und gewissermaßen das Bindeglied zwischen den sinnvollen Frühstücksdoseninhalten und immer absurder werdenden Nahrungsmitteln. Da gibt es die Milchschnitte, immer wieder gerne dabei. Kartoffelchips, Wackelpudding, Kuchen, Salzstangen, Cracker, Pizzastücke, Nudeln und – ganzjährig – Schoko-Osterhasen und Weihnachtsmänner. Zusätzlich heute noch Smoothies oder auch Obstbrei in Tüten, sogenannte »Obstquetschen«. Auch unsere Uta ist an diesem Morgen mehrfach perplex, was beim Öffnen der Frühstücksdosen zum Vorschein kommt. Das meiste davon würde sie selbst vielleicht daheim mal abends vor dem Fernseher naschen, aber sicherlich nicht auf den Frühstückstisch stellen.

Wir haben in unserer Laufbahn schon Kinder erlebt, die vor dem Frühstück bereits einen Liter Sprite getrunken haben und dann mit dem Rad fahrenden Vater zur Kita gejoggt sind. Haben Sie schon einmal ein Kind im Zuckerrausch erlebt? Und dann im anschließenden Stadium des Zuckerabfalls? Falls nicht, wünschen Sie es sich nicht. Sie würden es vermutlich nicht lange aushalten. Erzieherinnen allerdings fragt niemand, ob sie das aushalten. Sie müssen es einfach tun.

Es ist ganz offensichtlich: Viele Eltern sind froh, wenn ihre Kinder überhaupt irgendetwas essen, und andere versuchen das aus irgendeinem Grund vorhandene schlechte Gewissen zu beruhigen, indem sie den Kindern mit den Süßigkeiten vermeintlich etwas Gutes tun. Abgesehen von diesem Wahnsinn gibt es natürlich auch diverse Kinder, die nichts mithaben, nicht mit am Tisch frühstücken und entsprechend bis zu nächsten Mahlzeit ziemlich durchhängen.

Nun kann man natürlich versuchen, den Kindern zu erklären, dass es eigentlich Regeln gibt, die besagen, dass derartige Lebensmittel zum Frühstück in der Kita nicht erlaubt sind. Und man kann versuchen, die Gründe dafür zu erläutern. Und man kann es angehen, die Regeln gegenüber den Eltern zu erläutern und durchzusetzen. Allein mit dieser Aufgabe könnte man ganze Tage in der Kita verbringen. Es ist eine einzige Sisyphos-Arbeit, von Ausnahmen abgesehen, dringt man mit solchen Erläuterungen kaum einmal durch, geschweige denn dass man langfristige Veränderungen erreicht. Übrigens gibt es nicht nur das »Zucker und andere ungesunde Sachen«-Problem. Tatsächlich werden Erzieherinnen gewissermaßen von zwei Seiten in die Zange genommen. Denn da sind auch noch diejenigen Eltern, die im Gegensatz zu den bereits erwähnten großen Wert darauf legen, dass ihre Kinder möglichst keinen Zucker zu sich nehmen, dass sie statt Convenience-Produkten nur Bio-Nahrung essen und insgesamt gesund leben.

Ein Blick in die Brotdosen dieser Kinder lässt die Herzen von Gesundheitsfans höher schlagen. Da findet sich alles, was man guten Gewissens zu sich nehmen kann und sollte. Ein zweiter Blick in solche Dosen zeigt allerdings allzu oft Erstaunliches. Da ist dann etwa das Sternchenbrot, natürlich ohne Rinde, oder auch eine Käseblume. Auch Wurst in Form eines Herzchens gibt es und andere kunstvolle Nahrungsschnitzereien. Versucht man als Erzieherin, mit diesen Kindern in der Kita ein eigenes Frühstück zusammenzustellen, wird es schwierig. Denn manche sehen sich nicht in der Lage, dann auch mal eine Banane zu essen, die keine Krokodilsform hat, einen Apfel, der kein Zauberapfel ist oder nicht die Form eines Schiffes hat. Von diesen Kindern bekommen wir als Erzieherinnen in der Regel ganz klare Anweisungen zur Anfertigung der »besonderen« Nahrung.

Hier noch ein »nettes« Beispiel zum Thema Ernährung: Die fünfjährige, leicht übergewichtige Lea-Chantal hatte durch falsche Ernährungsgewohnheiten innerhalb der Familie häufiger Probleme mit dem Stuhlgang. Zunächst war mit der Mutter besprochen, dass dem Kind zum Frühstück auch Trockenpflaumen angeboten werden sollten. Außerdem wurde »gesunde Ernährung« zum Thema in der Kita gemacht und eine Ernährungsberaterin zum Elternabend eingeladen. An diesem nahmen die Eltern allerdings nicht teil, sondern sie hatten sich gemeinsam mit ihrer Tochter bereits eine Lösung für das Problem überlegt. Diese bestand allerdings keineswegs in einer Veränderung der Essgewohnheiten.

Nein, da Lea-Chantal beim Warten auf den Stuhlgang immer so langweilig sei, könne sich doch eine Erzieherin daneben setzen und ihr aus einem Buch vorlesen. Lea-Chantal selbst fand diese Idee natürlich grandios, benannte gleich ihre Lieblingserzieherin und machte einen konkreten Vorschlag zur Lektüre: »Wenn sie mir die *Eiskönigin* vorliest, kann ich bestimmt besser kacken! Ich stelle ihr auch einen kleinen Stuhl neben das Klo!«

Übrigens soll an dieser Stelle noch auf eine Erkenntnis hingewiesen werden, die so einfach ist, dass manche Eltern nicht in der Lage sind, sie anzuerkennen: Kauen erspart Logopädie! Hätten Sie es gewusst? Es ist ganz einfach: Kauen stärkt die Kiefermuskulatur, und dabei ist eben nicht die Rede von Toastbrot, bei dem die Kante abgeschnitten wurde, auch nicht von einer Weißbrotscheibe, und schon gar nicht vom Entleeren eines Obstquetschies. Es ist die Rede vom Kauen der Rinde eines Vollkornbrotes, das vielleicht auch schon zwei Tage alt ist, vom Abbeißen und Kauen eines ganzen Apfels. Kein Kind erleidet dadurch einen Kieferbruch, aber es könnte durchaus sein, dass zusätzliche Logopädie-Termine durch intensiveres und häufigeres Kauen überflüssig werden, weil plötzlich die Laute mit einer stärkeren Kiefermuskulatur besser gebildet werden können.

Doch Form und Art der Nahrung sind nur ein Bestandteil des täglichen Wahnsinns. Das Essen muss ja auch irgendwie seinen Weg in den Körper finden. Die Idealvorstellung: In der Kita lernen die Kinder, ordentlich zu essen, Besteck zu benutzen und während des Essens mit anderen am Tisch zu sitzen. Sie erinnern sich: die Candlelight-Dinner-Variante aus dem Programm.

Nun, tatsächlich benutzen viele Kinder Besteck. Beispielsweise dergestalt, dass sie sich den Portionierlöffel schnappen und mit ihm direkt aus den Schüsseln auf dem Tisch essen. In aller Ruhe, bis sie fertig sind. Anschließend nehmen sie die Milchkanne, führen sie zum Mund und trinken direkt aus der Kanne. Das sind diejenigen, die in Form des Portionierlöffels tatsächlich noch ein Besteckteil benutzen. Wieder andere trinken ebenfalls die Milch direkt aus der Kanne und brauchen dann aber zum Essen nichts weiter als ihre zehn Fingerchen. Nicht wenige dieser Kinder stecken sich das Essen jedoch nicht nur mit den Fingern in den Mund, sondern reiben damit gleichzeitig noch den Tisch ein, anschließend ihre Arme und Beine oder auch die Arme und Beine anderer Kinder. Oder sie wählen die bereits beschriebene Müsli-Variante, werfen ihr Essen auf den Boden und suhlen sich darin. Wohlgemerkt: Wir reden hier nicht über Krippenkinder und Ansätze der »sinnlichen Wahrnehmung von Essen«, wie sie in den Programmen vorkommen. Nein, es geht um Kinder im normalen Kindergartenalter zwischen drei und sechs Jahren, um Kinder, die in nicht allzu ferner Zukunft in die Schule gehen sollen, sich beim Frühstück in der Kita jedoch benehmen wie Tiere auf dem Bauernhof bei der morgendlichen Fütterung.

Und die Eltern? Nun, da ist beispielsweise jene Mutter, die ihre vierjährige Tochter daheim nach Bedarf füttert. Immer wenn das Kind den Mund aufmacht, steht Mama parat mit einem Brotbrocken oder einen Stück Obst, um es ihr in den Rachen zu schieben. Wie bei einem Vöglein. Es versteht sich von selbst, dass diese Mutter in die Einrichtung kam und uns dazu anhalten wollte, hinter ihrer Tochter herzulaufen und sie auf die beschriebene Weise zu füttern.

Natürlich kommen die wenigsten Erzieherinnen solchen extravaganten Wünschen nach (wobei es auch da leider Ausnahmen gibt), doch das löst das Problem nicht. Die Herausforderung besteht in solch einem Fall dann darin, dieses Kind dazu anzuhalten, am Tisch sitzen zu bleiben und außerdem noch das Essen selbstständig zu sich zu nehmen, also das Brot in die Hand zu nehmen und abzubeißen, oder einen Löffel zu benutzen. Normalerweise sollte ein Kind in diesem Alter in der Lage sein, mit Messer und Gabel zu essen, ohne dass eine Erzieherin sich intensiv mit ihm auseinandersetzt. Sie können sich ungefähr vorstellen, wie viel Zeit und Aufmerksamkeit ein solches Kind verschlingt, und wenn Sie sich dann noch vor Augen halten, dass wir auch bei solchen Absurditäten nicht über Einzelfälle sprechen, ist auch klar, dass andere wichtige Dinge des Kita-Alltags darunter zu leiden haben.

Eine beliebte Variante beim Thema Ernährung sind die Kinder, die sich auf Knopfdruck absichtlich übergeben, um sich mit den Erzieherinnen in einem absurden Machtkampf zu messen. Es geht dabei nie darum, dass die Kinder das Essen nicht mögen oder dass sie bereits satt sind. Es handelt sich immer um Fälle, in denen das gleiche Essen in den letzten Tagen durchaus gegessen wurde. Es geht einzig und allein um Macht. Das Kind versucht zu zeigen, wer Herr im Haus ist, und es würde dieses Verhalten nicht derart an den Tag legen, wenn die Dinge nicht im Elternhaus genauso laufen würden. Auch dort finden diese Machtkämpfe statt, und es ist spürbar, dass die Kinder sie wohl in den allermeisten Fällen auch gewinnen.

Das Thema Essen ist eines, über das sich eigene Bücher schreiben ließen, die hier beschriebenen Dinge zeigen nur einen kleinen Ausschnitt aus dem täglichen Kampf, den Erzieherinnen auf diesem Gebiet auszutragen haben. Auf dem Nebenkriegsschauplatz befinden sich auch Eltern (vor allem Mütter) mit erkennbaren Essstörungen, die auf die Kinder projiziert werden. Meistens handelt es sich um Fälle von Magersucht. Wir werden dann angewiesen, dass die Kinder nicht frühstücken sollen, diese bekommen auch keine Brotdose mit. Es sind Kinder, von denen erwartet wird, dass sie einen Kita-Tag von 7 Uhr morgens bis 16 Uhr nachmittags mit nur einer Mahlzeit um 12 Uhr mittags überstehen. Sie finden, das grenzt an Körperverletzung? Wir sehen das genauso.

Die Diskrepanz zwischen Realität und Qualitätsprogrammforderung könnte nicht größer sein. Dabei spielen nicht nur die unrealistischen Vorstellungen in den Programmen eine Rolle, sondern natürlich auch die leidige Kostenfrage. Den meisten Kita-Küchen droht permanent die Schließung. Stattdessen wird auf Catering gesetzt, um die Kosten zu senken. In manchen Fällen liefern diese Caterer im vorgegebenen Kostenrahmen jedoch kaum kindgerechte und meist auch nicht besonders gesunde Kost. Das, was von diesen Caterern kommt, ähnelt häufig eher der Lieferung eines Fastfood-Imbisses. Regionale und saisonale Bioküche, wie sie den Kindern im Idealfall dargeboten werden sollte, sprengt dagegen jeden Kostenrahmen.

Übrigens wird von der Erzieherin in den Programmwunschwelten erwartet, dass sie mit einer gesundheitsbewussten Ernährung Vorbild für die Kinder ist. Das bedeutet also, dass ihr vorgeschrieben wird, sich ausschließlich so zu ernähren, wie es die Konzeption der jeweiligen Einrichtung vorsieht. Ihr Frühstück und ihre Zwischenmahlzeit, die sie mit in die Einrichtung bringt, sind danach auszurichten. Persönliche Vorlieben dürfen keine Rolle spielen. Die

Hauptmahlzeiten werden dann in der Regel von der Einrichtung gestellt, müssen aber selbst bezahlt werden, auch dann, wenn sie gemeinsam mit den Kindern eingenommen werden. Gewährt wird bisweilen lediglich ein kleiner Zuschuss in Form eines »pädagogischen Happens«. Dabei darf keine eigene, mitgebrachte Nahrung vor oder mit den Kindern zu sich genommen werden. Dabei interessiert auch nicht, ob bei den Erzieherinnen Unverträglichkeiten vorliegen. Im Zweifelsfall muss eben gehungert werden.

Der Arbeitsalltag der Erzieherin reglementiert in erheblichem Maße ihr tägliches Ernährungsverhalten. Das wird einem immer besonders bewusst, wenn die Abholzeit ansteht. Dann laufen plötzlich Eltern mit Schokolade und Kuchen auf, um ihre Kinder mit diesen »Bestechungen« nach Hause zu locken. Da werden sowohl die eigenen Ansprüche als auch die an die Kita ganz nonchalant untergraben.

Ernährung ist eines der großen Themen in der Kita-Hemisphäre. Wie hieß es in einem SPIEGEL-Artikel vor einiger Zeit so treffend?

»Allein die nicht kind-, sondern elterngerechte Diversifizierung des Speiseplans führt auf Elternabenden zu Überstunden, die Erzieher nie bezahlt bekommen. Vegetarisch, vegan, allergen, halal, weder Fisch noch Fleisch und schon gar keine Tiefkühlpizza. Denn die gibt es ja schon daheim.«[2]

Hygiene, Körperpflege und Gesundheit – Wenn Bakterien und Keime die Programmwunschwelt zersetzen

Körperpflege ist Voraussetzung für die Gesundheit des Kindes. So formulieren es auch die Autoren diverser Qualitätsprogramme, und wer würde da widersprechen wollen? Weiterhin werden auch die Bestandteile dieser Körperpflege definiert, und wie schon beim Thema Ernährung liest sich das alles wunderbar. Saubere Kleidungsstücke gehören dazu, ein sicherer warmer Schlafplatz und regelmäßiges Wickeln für Krippenkinder.

Darüber hinaus spielt auch die Lernsituation eine große Rolle. Es soll bei den Kindern durch Zuschauen und Nachmachen dazu kommen, dass sie ihre eigenen Kompetenzen erweitern. Darüber hinaus ist das Ziel, durch die Unterstützung der Erzieherinnen zu einer größeren Selbstständigkeit der Kinder zu gelangen. Dabei gibt es zwei wichtige Aspekte, die ihnen vermittelt werden sollen: Das eine ist der funktionale Aspekt, also zu wissen, wie Körperpflege vonstatten geht, das andere ist ein Wohlfühlen durch bewusste, freudvolle Körperwahrnehmung. Ziel ist, dass das Kind durch die Erfahrung eigener Körperlichkeit ein positives Selbstbild entwickelt.

Die Position der Erzieherin dabei ist klar definiert: Sie ist Vorbild, indem sie sich regelmäßig die Hände wäscht, die Kleidung öfter wechselt oder auch sorgfältig das Geschirr reinigt. Sie sorgt also im Bereich Körperpflege und Hygiene für Routine und integriert diesen Bereich ganz selbstverständlich in ihre anderen pädagogischen Aktivitäten.

Darüber hinaus hat sie weitere wichtige Aufgaben: Alle Infos, Vereinbarungen und gesetzlichen Regelungen sollen von ihr schriftlich festgehalten werden. Unfälle und Erkrankungen sind ebenfalls schriftlich zu dokumentieren. Da sie mehrere Erste-Hilfe-Kurse am Kind absolviert hat, kann sie in Notfällen adäquat handeln. Die Programme äußern sich durchaus auch zu den Voraussetzungen, die in der Kita gegeben sein müssen, damit der Gesundheits- und Körperpflegebereich optimal ausgestattet ist. So soll es strukturierende gesetzliche Regelungen geben, grundsätzliche hygienische und sicherheitstechnische Standards, darüber hinaus aber auch Ausstattungsgegenstände und Utensilien zur eigenständigen Nutzung durch die Kinder.

Selbstverständlich ist auch vorgesehen, dass es eine intensive Zusammenarbeit mit den Familien gibt. Verfahrensweisen und Regelungen sollen kommuniziert werden, außerdem sollen sie Erzieherinnen und Eltern regelmäßig über die Entwicklungsschritte des Kindes im Hinblick auf Körperbewusstsein, Körperpflege und Gesundheitsaspekte informieren.

So weit die Theorie.

Und nun wieder hinein ins pralle Vergnügen der Praxis.

Die Erzieherin Uta hat den Frühstückswahnsinn mittlerweile überstanden. Gerne würde sie sich, wie sie es von zu Hause gewöhnt ist, nach dem Frühstück die Hände waschen und vielleicht auch kurz auf Toilette gehen. Das Problem ist nur: Uta ist wie so oft allein in der Gruppe. Sie kann also die Gruppe nicht verlassen, ohne ihre Aufsichtspflicht zu verletzen, und nimmt daher mit dem Mini-Waschbecken der Kinder vorlieb. Ein großes Waschbecken mit Seife und Desinfektionsmitteln ist aus Platzgründen hier leider nicht vorhanden, das WC mit der entsprechenden Ausstattung befindet sich am anderen Ende der Einrichtung und ist aus den bereits genannten Gründen für Uta unerreichbar.

Immerhin sind Themen wie »nach dem Toilettengang wasche ich mir die Hände« auch Erziehungsinhalte, die wir den Kindern mitzugeben haben. Uta hat zu diesem Zweck die Kinder Bilder zum Thema malen und an die Innenseiten der Toilettenkabinen kleben lassen. So werden sie jedes Mal nach dem Gang an den nächsten notwendigen Schritt erinnert. Wenn Uta die Schilder sieht, erinnert sie das allerdings höchstens daran, dass ihre eigenen Hygienestandards hier niemanden zu interessieren scheinen.

Im Zeitalter der Krippenbetreuung von Kleinstkindern ist ein Thema fast völlig aus dem Blick geraten, das früher elementar zur Frage der Kindergartenreife dazugehörte: die Frage, ob das Kind bereits trocken ist oder nicht. Bis Ende des letzten Jahrhunderts war es eigentlich keine echte Frage: Ein Kind konnte erst dann in den Kindergarten gehen, wenn es wirklich trocken war. Kleinere Malheurs mag es immer mal wieder gegeben haben, die konnten von den damaligen Erzieherinnen (wir erinnern uns: die Kindergartentanten …) aber in Ruhe »bearbeitet« werden.

Heute gibt es aber die unterschiedlichsten Auffassungen: Manche Eltern und auch Erzieherinnen sind tatsächlich der Ansicht, Kinder sollten bereits mit etwa einem Jahr trocken sein. Das sind dann diejenigen, die den ganzen Tag mit einem Töpfchen hinter dem Kind herrennen und es regelmäßig draufsetzen, damit es über diesen Weg lernen soll, seine Körperausscheidungen zu kontrollieren. Das ist im Grunde die Fraktion der Optimierer, die es im Leben gewöhnt sind, alles auf Effektivität auszurichten. Da ist es natürlich höchst ärgerlich, wenn man so ein kleines Wesen zu erziehen hat, das einfach nicht von Beginn an das machen will, was am effektivsten wäre. Der Stinker in der Hose muss für diese Eltern eine fortwährende Beleidigung sein. Tatsächlich haben wir schon Eltern kennengelernt, die ihr Krippenkind morgens noch im Halbschlaf aufs Klo setzen, damit der Stinker, den das Kind »aus purer Bosheit« noch vor dem Aufwachen in die Windel gedrückt hat, endlich in der Toilette landet. Eines dieser Elternpaare ekelte sich einfach vor dem Vorgang des Wickelns. Erst durch mehrere Gespräche mit ihm erfuhren wir, dass beide von »realsozialistischer« Pädagogik geprägt waren und man sie in der DDR schon mit etwa einem Jahr gezwungen hatte, trocken zu werden. Nun gaben sie diese Erfahrung an ihr Kind weiter. Es ist manchmal einfach nur traurig, zu sehen, was das Leben mit den Menschen macht und wie letztendlich dann wieder die nächste Generation darunter zu leiden hat. Und diese hat heftig zu leiden, denn gerade Kinder, die solch traumatische Erfahrungen in der Sauberkeitserziehung und -entwicklung machen mussten, tragen hinterher oft noch in der Grundschule eine Windel, weil sie immer wieder einnässen oder einkoten. Das liegt daran, dass sie nicht auf natürlichem Wege lernen durften, trocken zu werden.

Auf der anderen Seite haben wir diejenigen, die vollstes Verständnis haben, wenn noch ein Grundschulkind mit Windel unterwegs ist. Sie glauben nicht, dass es das gibt? Glauben Sie es! Manch ein Lehrer könnte Ihnen da Geschichten erzählen …

Was bedeutet diese Ausgangslage für uns Erzieherinnen? Schauen wir wieder auf Uta. In ihrer Gruppe sind es immerhin fünf Kinder, die noch gewickelt werden müssen. Das liegt neben den unterschiedlichen Ansichten über den Zeitpunkt des Trockenwerdens schlicht und ergreifend auch daran, dass heute bereits Zweijährige, die eigentlich dem Krippenbereich zuzuordnen wären, im Elementarbereich aufgenommen werden, in dem die Personaldecke noch dünner ist als in der Krippe.

Für Uta und ihre Kollegin bedeutet das Folgendes: Eine von beiden ist jeden Tag für die Wickelaktionen zuständig. Diese dauern natürlich eine Weile, und die Erzieherin kann auch immer nur ein Kind fertigmachen, da der Moment des Wickelns eine intime Situation darstellt, die nicht vor den Augen anderer Kinder stattfinden sollte. Bei fünf Wickelkindern in der Gruppe zieht sich der Zeitraum, der dafür benötigt wird, schon ganz schön in die Länge. In dieser Zeit ist die zweite Erzieherin in der Gruppe mit dem Rest der Kinder alleine und kann jeden Tag eigentlich nur beten, dass nichts Außergewöhnliches passiert. Dass sie in dieser Zeit keinem eigenen Bedürfnis nachgehen kann, weil sie dann ihre Aufsichtspflicht verletzen würde, versteht sich von selbst. Die hohe Politik hat immerhin vorgesehen, dass ein Kind unter drei Jahren zwei Kita-Plätze belegt, sonst wäre die Anzahl der Kinder insgesamt noch höher und die Situation noch schwieriger zu handhaben.

Im Grunde ist die Situation aber natürlich noch kniffliger, denn die fünf betreffenden Kinder sind ja nur die regelmäßigen »Wickler«. Dann sind da im

Rest der Gruppe noch diejenigen, bei denen einfach mal ein Einnässen oder Einkoten passiert, weil es zum Prozess des Trockenwerdens dazugehört und auch bei denjenigen passieren kann, die eigentlich bereits so weit sind.

Es ist erstaunlich, wie viele Eltern es heute gibt, die schlicht überfordert damit sind, die einzelnen Schritte des Trockenwerdens mit ihren Kindern zu gehen. Einige davon weigern sich sogar, diese elterliche Leistung zu erbringen, weil sie in ihrem Inneren eigentlich lieber möchten, dass ihr Baby immer Baby bleibt. Das Aufwachsen und Größerwerden des Kindes empfinden diese Eltern als eine Art Bedrohung. Da sie aber doch im Grunde wissen, dass man nicht darum herumkommt, delegieren sie die Aufgabe der Sauberkeitserziehung an die Kita. Sollen sich doch die Erzieherinnen damit herumschlagen, die werden schließlich dafür bezahlt! Diese Ansicht ist ein ständiges Ärgernis, denn natürlich ist es für uns Erzieherinnen vollkommen unmöglich, diesen Part des kindlichen Aufwachsens ohne Unterstützung der Eltern zu gewährleisten. Ist es für Eltern schon eine anspruchsvolle Aufgabe, ein Kind, noch dazu ihr eigenes, beim Trockenwerden zu begleiten, so können wir in der Kita nicht die gleiche intime Aufgabe bei einer ganzen Handvoll Kinder in der gleichen Intensität und mit der gleichen Zuwendung leisten. Das ist organisatorisch und menschlich unmöglich, und leider sind es wie so oft die Kinder, die letztlich darunter am meisten zu leiden haben.

Dazu kommen übrigens die interessanten, sehr unterschiedlichen Ansichten, die den Erzieherinnen häufig vom Elternhaus mitgegeben werden. Denn auch wenn die Eltern sich nicht unbedingt selbst darum kümmern wollen, haben sie doch oft recht genaue und leider auch merkwürdige Vorstellungen davon, wie das Ganze abzulaufen hat.

Da gibt es Kinder, naturgemäß vor allem Jungs, die Erfahrungen mit und in der Natur machen sollen. Diese stellen sich gerne im Außenbereich irgendwo in die Gegend und strullern dort munter vor sich hin. Wo sie eben gerade stehen oder gehen. Der Wind trägt das Pipi dann schon irgendwie fort. Versucht man diese Kinder dazu zu bewegen, die Toilette aufzu-suchen, sind sie in der Regel sehr erstaunt. Daheim dürfen sie sich doch schließlich auch in den Garten stellen und die Erde mit ihren Ausscheidungen be-glücken, vielleicht weil es der ein oder andere Eltern-teil für Dünger hält.

Wieder andere Kinder haben eine Taktik, bei der wir ebenfalls genau wissen, was daheim abläuft. Diese spüren zwar den Harndrang oder die Notwendigkeit des großen Geschäftes, sind also eigentlich so weit, den entscheidenden Schritt zu machen. Doch was passiert? Sie stellen sich einfach mitten in die Kita, lassen die Hose runter und warten, bis eine Erzieherin hinzugeeilt kommt, um das Ganze in die richtigen Wege zu leiten. Daheim werden Mama und Papa es wohl genauso halten. Unschwer zu erraten, dass diese Kinder auch bei anderen Dingen erwarten, dass irgendein Helfer immer dann parat steht, wenn sie etwas möchten.

Dann gibt es da noch diejenigen, die von daheim gewöhnt sind, den ganzen Tag »unten ohne« herumzulaufen. Kann man machen. Zu Hause. Nicht allerdings in der Kita, was bisweilen sowohl Eltern als auch Kindern nur schwer zu vermitteln ist.

Es gibt also viele Varianten bei diesem Thema, und die Zeiten, in denen man einfach davon ausgehen konnte, dass der weitaus größte Teil der in die Kita kommenden Kinder diesen Part des Aufwachsens bereits weitgehend hinter sich hat, sind lange, lange vorbei. Die Kita scheint hier das ideale Experimentierfeld zu sein, wie auf so vielen anderen Gebieten auch.

Apropos Experimentierfeld: Ein immerwährender Quell der Freude sind Richtlinien, die unsere tägliche Arbeit in einer Art und Weise beeinflussen, dass Außenstehende oft nur noch den Kopf schütteln können. Mit einer solchen Richtlinie sah sich auch Uta konfrontiert, als sie relativ neu in ihrer Einrichtung war. Sie hatte vorher bereits in den Krippenbereich anderer Einrichtungen hineingeschnuppert und war es von dort gewohnt, dass nach dem Vorgang des Wickelns die volle Windel in einen speziellen Windeleimer entsorgt wird. Die meisten Eltern werden diese Eimer kennen, sind sie doch in vielen Haushalten im Einsatz. Diese Eimer versprechen komplette Geruchsneutralität, was sich aber immer wieder als Illusion herausstellt. Es riecht ständig ein wenig, allerdings nicht so extrem, dass es ekelig wäre. Der Eimer muss eben einfach in regelmäßigen Abständen geleert werden.

Nun aber erfährt Uta von ihrer Kollegin, dass es eine Richtlinie gibt, die besagt, dass es im Wickelbereich nicht zu unangenehmen Gerüchen kommen darf. Bis zu diesem Zeitpunkt hatte Uta es für eine merkwürdige Eigenart der Kolleginnen gehalten, dass diese den durchaus vorhandenen Windeleimer gar nicht benutzten. Nun wird ihr klar, dass auch hinter dieser Vorgehensweise wieder eine offizielle Regelung steht, die die Theoretiker den Praktikern mit auf den Weg gegeben haben.

Wenn wieder einmal eines ihrer fünf Wickelkinder fällig ist, beginnt für Uta zunächst der ganz normale Prozess: Sie geht mit dem Kind in den Wickelbereich, um die intime Sache dort in Ruhe mit dem Kind abwickeln zu können. Wobei Ruhe natürlich relativ ist, denn Uta weiß genau, dass ihre Kollegin in dieser Zeit mit dem Rest der Gruppe alleine ist. Über eine kleine Treppe kann das Kind auf den Wickeltisch klettern, während der ganzen Prozedur begleitet Uta alle einzelnen Schritte sprachlich, so wie es pädagogisch vorgesehen ist. Den Po reinigt sie mit Feuchttüchern, die die Eltern mitgebracht haben, natürlich trägt sie dabei Handschuhe. Als sie fertig ist, kommt der Moment, in dem sie nun eigentlich die Windel in den Windeleimer werfen würde und sie damit los wäre. Da dies jedoch verboten ist, braucht sie ein »Zwischenlager« und zweckentfremdet dafür den Handschuh. Volle Windel also in den Handschuh und zur Seite gelegt, denn nun ist erst einmal wieder das Kind dran, das über die Treppe wieder vom Wickeltisch herunterklettern darf und zurück in die Gruppe begleitet werden muss. Eigentlich könnte damit alles vorbei sein und Uta ihre Kollegin wieder in der Gruppe unterstützen, doch nun muss sie noch einmal zurück in den Wickelraum, damit sich dort nicht etwa ein Geruch entwickeln kann.

Wenn das Kind glücklich wieder in der Gruppe ist (und die Uhr tickt, bis der nächste Fall auftritt), nimmt Uta den Handschuh mit der Windel und beginnt eine kleine Wanderung durch die Einrichtung. Zunächst in die Küche, um die Schlüssel für die Müllcontainer zu holen. Dann verlässt sie das Gebäude, öffnet zwei Türen mit dem Schlüssel, um zum Container zu gelangen und dort endlich die volle Windel zu entsorgen. Danach wieder durch beide Türen, abschließen, den Schlüssel zurückbringen. Nun noch der letzte Schritt, endlich können die Hände gewaschen und desinfiziert werden, reichlich spät zwar, aber immerhin. Wenn diese ganze Prozedur abgeschlossen ist, findet sich Uta endlich wieder in der Gruppe ein, um ihre Kollegin zu unterstützen. Wohl wissend, dass es nicht lange dauern wird, bis alles wieder von vorne losgeht. Bei fünf Wickelkindern besteht so der Vormittag eigentlich nur aus endlosem Gerenne, um einerseits die Kinder zu unterstützen und andererseits der Vorgabe gerecht zu werden und dafür zu sorgen, dass es im Wickelbereich nicht seltsam riecht. Man braucht nicht viel Fantasie, um sich vorzustellen, dass sinnvolle pädagogische Arbeit mit der Gruppe auf diese Weise kaum zu leisten ist. Und es kann nur immer wieder betont werden, dass die beschriebenen Vorgänge keine Einzelfälle sind, sondern in diversen Einrichtungen quer durchs Land vorkommen. Erzieherinnenpraxis pur.

Hygiene in der Krippe

Bei den vielen negativen Auswüchsen, die wir hier beschreiben, fragen Sie sich vielleicht ab und an, ob es denn so gar keine Einrichtungen gibt, in denen es richtig gut aussieht mit der Hygiene. Und tatsächlich ist es natürlich nicht so, dass es nur die grausamen Fälle gibt, sondern man erlebt auch sehr angenehme Überraschungen.

Eine der Krippen, in denen eine von uns Autorinnen gearbeitet hat, war ein solches Musterbeispiel, und es würde sich sicher lohnen, noch einmal länger darüber nachzudenken, warum es dort möglich war, fast alles richtig zu machen.

Denn genauso war es: Diese Krippe war hygienisch top. Beide Gruppenerzieherinnen kamen frisch von der Erzieherinnenschule und hatten sich schon dort für den Schwerpunkt Krippenerziehung entschieden. Für die Wickelunterlagen gab es extra große Papiertücher, die bei jedem Kind gewechselt wurden, die Auflagen wurden zusätzlich desinfiziert. Jedes Kind hatte seine eigenen Feuchttücher oder konnte mit einem Waschlappen gesäubert werden. Für die Erzieherinnen standen Handschuhe zur Verfügung, und der Wickelbereich verfügte über ein eigenes Erwachsenenwaschbecken mit Flüssigseife und Desinfektionsmittel. Jede Erzieherin hatte ihr eigenes Handtuch oder konnte Papierhandtücher verwenden. Auch die Kinder benutzten einen Seifenspender und Papiertücher zum Abtrocknen. Das führte zwar zu einem enormen Papierverbrauch, und kuschelige Handtücher wären für die Kinder sicher auch schöner gewesen. Allerdings ist das unter hygienetechnischen Gesichtspunkten in einer Krippe kaum umsetzbar. Insofern war hier alles so, wie es eigentlich überall sein sollte. Es ist auch im Nachhinein wirklich schwierig, dort Ansatzpunkte für Kritik zu finden, und gerade dieser Umstand ist der Beweis dafür, dass es geht. Warum geht es nicht überall, oder zumindest in den meisten Einrichtungen?

Es gibt aber leider Krippen, in denen Erzieherinnen gar keine Handschuhe benutzen. Das Argument ist dann meistens, dass es den Erzieherinnen selbst nichts ausmacht, oder dass manche Kinder es einfach nicht mögen, mit Handschuhen angefasst zu werden. Wer in einer solchen Einrichtung arbeitet und die Vorgehensweise für falsch hält, muss sich in der Regel selbst darum kümmern, Handschuhe in der passenden Größe zu bekommen. So eine Bestellung kann dann schon mal Wochen oder Monate dauern, und in der Zwischenzeit bleibt einem nichts anderes übrig, als sich den unhygienischen Gepflogenheiten der Kolleginnen anzupassen. Da wird dann auch schon mal ein einziges Stück Seife von allen Kolleginnen zusammen benutzt, weil niemand weiß, wie man den Seifenspender auffüllt. Die einzige Lösung in solchen Fällen ist es, in die eigene Tasche zu greifen, auf eigene Kosten einen eigenen Seifenspender mitzubringen und die Kolleginnen dazu anzuhalten, den nun plötzlich vorhandenen Spender auch zu benutzen.

In einer Einrichtung teilten sich alle Erzieherinnen ein einziges Handtuch. Papiertücher gab es nicht, oder besser gesagt: eigentlich hätte es sie geben können, denn der Spender war vorhanden. Doch die Reinigungskräfte übernahmen das Auffüllen nicht, der Schlüssel für das Gerät lag irgendwo unauffindbar in der Küche, die Papiertücher waren auch weggeräumt. Also unterblieb es, und man log sich mit dem Argument in die Tasche, dass so viele Papiertücher ja ohnehin Materialverschwendung seien. Diejenige Erzieherin, die es wagte, nachzufragen, ob sie ein eigenes Handtuch bekommen könne, wurde als eine Art Nestbeschmutzerin behandelt.

In anderen Einrichtungen gibt es auch für die Kinder Seifenstücke zum Händewaschen. Krippenkinder lieben es, wenn diese Seifen unterschiedliche Farben und Formen haben, und für einige Momente zwischendurch ist es ihnen durchaus zu gönnen, mit diesen Seifen zu experimentieren. Das ist eine Sinneserfahrung, die gut für die Kinder ist.

Ist es allerdings generell so, dass statt eines Seifenspenders Seifenstücke verwendet werden, kippt die gute Sinneserfahrung schnell ins Gegenteil. Denn die Kinder waschen sich mit der Seife das Gesicht, die Hände, den Körper, zwischendurch wird sie auch gerne mal abgelutscht oder in die Nase gesteckt. Ganz abgesehen davon, dass Seife, die nun einmal glitschig ist, auch gerne mal auf dem Fußboden landet. Oder in der Toilette… Manche Kinder stecken sie auch in den Abfluss oder das Überlaufventil des Waschbeckens. Es kommt vor, dass all dies keine Rolle für die Hygiene in einer Krippe zu spielen scheint, sondern von den Erzieherinnen als selbstverständlich hingenommen wird. Und bei aller Kontrolle und ständigen Zertifizierung scheinen solche Dinge auch nur selten aufzufallen.

Schlicht unsinnig sind in Krippen auch eigene Handtücher für die Kinder. Ein- oder Zweijährige tun sich naturgemäß schwer damit, sich zu erinnern, welches ihr Handtuch ist. Die lästige Pflicht des Abtrocknens wird in solchen Fällen also mit irgendeinem Handtuch erledigt.

Handtücher auf der Wickelunterlage sind ein weiteres Thema. Es gibt auch Einrichtungen, in denen jedes Kind ein eigenes Handtuch dafür hat. Diese Handtücher werden manchmal eine komplette Woche lang benutzt und nur in Ausnahmefällen bei allzu großen und allzu unübersehbaren Flecken vorher in die Wäsche gegeben. Da Wäsche Kosten verursacht, kommt es nicht selten vor, dass Erzieherinnen in solchen Einrichtungen dazu angehalten werden, so wenig Wäsche wie möglich zu verursachen, ein dreckiges Handtuch also im Zweifelsfall eher etwas länger zu benutzen. Argumente gegen diese Praxis verhallen meist ungehört, obwohl sie so wichtig wie eingängig sind: Keime, Bakterien und Viren sind auf einem Handtuch nun mal nicht sichtbar, bei einer mehrmals täglichen Benutzung eines Handtuchs, dass zudem mit Fäkalienresten in Berührung kommt, aber definitiv vorhanden. Die Anregung, Papiertücher zu verwenden, wird in solchen Fällen meist mit dem Hinweis abgetan, diese seien teuer, aufwendig und für die Kinder ungemütlich. Das Thema Hygiene lässt sich natürlich nicht abhandeln, ohne auf Krankheiten zu sprechen zu kommen. Kinder im Krippenalter sind überdurchschnittlich häufig krank, das ist normal. Ihr Immunsystem ist noch weniger entwickelt als das von Kindern im Elementarbereich ab drei Jahren. In der Krippe haben wir es vor allem mit Erkältungskrankheiten sowie Magen- und Darm-Infekten zu tun. Dessen eingedenk ist es schon erstaunlich, dass in manchen Einrichtungen Erzieherinnen auf Handschuhe verzichten und munter mit bloßen Händen, eventuell noch ohne Händewaschen nach jedem Kind, die Wickelvorgänge vollziehen. Es ist überhaupt kein Wunder, dass sich auf diese Art und Weise immer wieder Krankheiten übertragen.

Die Duschwanne, in der die Kinder abgeduscht werden können, muss ebenfalls nach jedem Duschvorgang komplett gereinigt werden. Geschieht das nicht, kann es schon mal vorkommen, dass ein Kind mit den Füßen in den Fäkalienresten des Vorgängers steht, mit den Fingern darin herumpantscht oder sich einfach hineinsetzt. Wenn man sich dann noch vor Augen führt, dass Kinder in diesem Alter gerne mal ihre Füße oder Hände in den Mund nehmen, ist wohl nicht mehr viel hinzuzufügen.

Bei der Recherche für dieses Buch sprachen wir mit Erzieherinnen, die in solchen Einrichtungen gearbeitet haben. Eine davon berichtete von einer viermonatigen Magen-Darm-Grippe in ihrer Gruppe und immer wieder zu früh gebrachten Kindern. Da gab es Kinder, die beim Hüpfen auf dem Hüpfpferd nur in Windel und Body ihren flüssigen Stuhl nach allen Seiten spritzen ließen. Wieder andere übergaben sich auf alles, was nicht rechtzeitig aus dem Weg geräumt werden konnte, beim Essen direkt in die Teller zurück. Oder auf Sofa und Sitzgelegenheiten, Betten, Kuscheltiere und Teppiche. Das »Highlight« dieser Erzieherin: Dreimal an nur einem Tag von einem Kind angekotzt zu werden. Sie finden diesen Ausdruck zu hart oder irgendwie gossenmäßig? Im heutigen Erziehungsalltag ist man einfach irgendwann so weit, dass man die Dinge »beim Namen« nennt.

Bei dreimal am Tag hilft auch keine Wechselwäsche mehr, so viel Kleidung kann keine Erzieherin von daheim mitbringen. An jenem Tag trug diese Erzieherin, so erzählte sie uns, am Ende die Verkleidungssachen aus der Gruppenkiste. Sie sah aus wie Gretel und hoffte nur inständig, dass nicht auch diese noch eine Ladung Mageninhalt abbekommen würde.

Immer wieder gab es dort auch Kinder mit klitschnassen Jeans, weil die Windel überlief. Oder es landete gleich der Durchfallüberschuss in der Hose. Wenn Sie Eltern sind, kennen Sie das Brechreizgefühl aus eigener Erfahrung, das sich einstellt, wenn man Durchfallwindeln zu wechseln hat. Nun müssen Sie sich nur noch vorstellen, es handelt sich dabei nicht um ihr eigenes Kind, sondern um ein fremdes. Und zwar nicht nur um eins oder zwei, sondern um viele Kinder täglich. Vier Monate lang, jeden Tag acht bis zehn Stunden. Und da wundert sich noch jemand, wenn Erzieherinnen häufig krank sind? Oder ihren Job kaum noch ertragen? Zusätzlich gab es in der Krippe auch Eltern, die ihre Kinder unter der Dusche von Fäkalien säuberten, ohne sich anschließend die Hände zu waschen. Einfach nur Dusche an, abwaschen und anschließend alles anfassen, was man eben so in der Einrichtung anfassen kann. Die Kollegin beobachtete das und versuchte jedes Mal, anschließend mit einem Desinfektionsmittel alles zu säubern, was angefasst worden war. Eine Sisyphos-Arbeit.

Die Kollegin, die in dieser Einrichtung gearbeitet hat, wurde schließlich häufiger krank. Statt die Probleme in der Krippe anzugehen, lud man sie zum Gespräch, um herauszufinden, warum sie denn so oft krank sei. Auf den vorsichtigen Hinweis, dass das etwas mit den hygienischen Zuständen in der Krippe zu tun haben könnte, kam nur der lakonische Verweis auf Kolleginnen, die seltener krank seien. Da könne also gar nichts dran sein. Immerhin wurde nach weiteren Gesprächen mit Personalrat und Vorgesetzten ein Arzt geladen, um sich die Einrichtung anzuschauen. Doch was passierte?

Nachdem der Arzt sein Erscheinen angekündigt hatte, verfiel die Krippenleitung in hektischen Aktionismus. Der Papierspender wurde befüllt, ein Seifenspender installiert. Die Handseife versteckte man in einer Schublade. Jeder erhielt sein eigenes Handtuch. Diverse andere Dinge änderten sich von heute auf morgen, wie gesetzlich vorgeschrieben wurde der Hygieneplan umgehend kopiert, laminiert und aufgehängt. Natürlich erhielt die Einrichtung nach der Besichtigung durch den Arzt ein positives Urteil, und die Kollegin war komplett bloßgestellt, ihre Glaubwürdigkeit dahin.

Unmittelbar nach dem Besuch des Arztes verschwanden die Handtücher bis auf eines wieder. Die Handseife wurde wieder aus der Schublade geholt, das Befüllen der Spender schlief ganz schnell wieder ein. Erst längere Zeit später, als ein Krippenneubau errichtet wurde, hielten in dieser Einrichtung einigermaßen dauerhafte Hygienestandards Einzug. Und auch da nur gegen den Protest einiger Erzieherinnen.

Auch hier gilt: Dies mag ein Extremfall sein, doch ähnliche Fälle haben wir oft genug bei der Recherche für das Buch von Kolleginnen gehört. Die hygienischen Zustände in manchen Krippen sind erheblich unter dem Standard, den sie haben müssten, sei es, weil das Personal nicht ausreichend angehalten wird, darauf zu achten, sei es aus finanziellen Gründen.

Es ist zum Teil schlicht traurig, welche Geschichten man zu hören bekommt, wenn man sich nur ein wenig umhört. Bei vielen dieser Geschichten ahnt man, dass das eigentliche Problem im Elternhaus liegen muss. Da sind zum Beispiel die eigentlich trockenen Kita-Kinder, die morgens nach dem Bringen als Erstes einen Stinker in die Hose drücken, um damit gegen den Stress, den die Eltern jeden Morgen verursachen, zu protestieren und unerfüllte Bedürfnisse in anderen Bereichen zum Ausdruck zu bringen.

Da ist aber zum Beispiel auch Jana, ein Mädchen, das aus Protest gegen ihre Mutter absichtlich neben die Toilette pinkelte. Bei 23 Kindern in der Gruppe war es zunächst schwer festzustellen, wer immer wieder auf die Brille oder neben die Schüssel gepinkelt hatte, ohne sauberzumachen. Es war so schlimm, dass alles neben der Toilette nass war und oft ein kleiner Fluss in die untere leicht abschüssige Ecke des Waschraums lief. Wenn nicht rechtzeitig jemand Bescheid gesagt hatte, liefen erstmal diverse Kinder mit ihren Hausschuhen durch diesen kleinen Fluss und verteilten ihn anschließend überall, wo sie in der Kita herumliefen.

Nach genauer Beobachtung inmitten des allgemeinen Gewusels in der Einrichtung konnte schließlich festgestellt werden, dass es sich um Jana handelte, die für diese Unsauberkeit verantwortlich war. Erstaunt stellten die Erzieherinnen fest, dass Jana allerdings nie nasse Kleidung hatte, wenn sie von der Toilette kam. Daraus ließ sich nur schließen, dass das Kind tatsächlich mit voller Absicht danebenzielte. Nach dieser »Entdeckung« versuchten die Erzieherinnen mit Engelszungen, das Kind dazu zu bewegen, doch die Toilette zu benutzen. Doch vergebens, immer und immer wieder war das gleiche Malheur zu sehen.

Schließlich wussten sich die Erzieherinnen nicht mehr anders zu behelfen, als dem Kind einen Wischlappen in die Hand zu drücken und es sein eigenes Pipi aufwischen zu lassen. Unter Aufsicht und mit anschließender Reinigung der Hände. Es brach allen das Herz, dabei zuzusehen, weil es wirklich eklig war, allerdings brachte es tatsächlich den Erfolg. Anschließend wurde den Ursachen nachgegangen und dabei festgestellt, dass die Mutter an einem Reinigungszwang litt und nächtelang durchputzte. Janas Verhalten war eine Art Protest dagegen.

In anderen Einrichtungen gibt es Kinder, die alles mit Kot beschmieren oder auch das große Geschäft neben die Toilette setzen. Saubermachen müssen das selbstverständlich die Erzieherinnen, während eine von ihnen dann gleichzeitig mit dem Rest der Kinder wieder alleine in der Gruppe ist.

Schließlich gibt es noch die Gruppe der Kinder, die das große Geschäft gar nicht verrichten können. Sie sind oftmals seit dem Krippenalter Dauergast bei Ärzten, Krankenhäusern und diversen Spezialisten. Sie winden sich in Krämpfen, können aber einfach nicht loslassen. Manchmal bekommen sie Medikamente, um dieses Loslassen zu befördern. Einige bekommen regelmäßig Einläufe. Als Erzieherin steht man dem Leid dieser Kinder hilflos gegenüber, wenn es sich vor Schmerzen windet und aus tiefster Seele schreit. Das sind Situationen, die einen an die Grenzen der eigenen Leistungsfähigkeit führen.

Stundenplan eines Kita-Kindes

Für Erzieherinnen ist der Kita-Tag schon hart, aber haben Sie mal überlegt, wie er für die Kinder ist? Dazu muss man sich nur mal einen typischen Tag anschauen.

Der Frühdienst beginnt in den meisten Einrichtungen zwischen 6:45 Uhr und 7 Uhr. Dann werden die ersten Kinder gebracht. Zu Beginn des Kita-Jahres ist das gerade für die neuen Kinder ziemlicher Stress, da sie frühmorgens in einen fremden Raum kommen, zu Erzieherinnen, die sie noch nicht kennen. Erst nach der Eingewöhnungsphase nimmt der Stress in diesem Moment etwas ab.

Um 8 Uhr sind dann alle im Gruppenraum zusammen und dürfen endlich frühstücken. Damit müssen aber alle Kinder bis 9 Uhr fertig sein, denn um 9:15 Uhr beginnt der Morgenkreis. Um 9:45 Uhr befinden sie sich dann bereits in dem von ihnen gewählten Funktionsraum, in dem sie bis 11:15 Uhr verbleiben. Im Anschluss müssen die ersten Kinder essen, während ein paar andere tatsächlich etwa 30 Minuten Zeit zum Freispiel haben, bevor auch sie auf Toilette gehen, Händewaschen und sich zum Essen fertigmachen müssen.

Es folgt das Mittagessen, dann Zähneputzen, noch einmal WC und Hände waschen, dann die Ausruhzeit zwischen 13:00 Uhr und 13:45 Uhr. Schlafen ist häufig in dieser Ruhephase unerwünscht, denn lassen Erzieherinnen die Kinder um diese Zeit schlafen, bekommen sie bisweilen Ärger mit den Eltern, da diese behaupten, ihre Kinder dann abends nicht ins Bett zu bekommen. Allerdings gibt es auch einige wenige, die sogar darauf bestehen, dass ihr Kind schläft. Auch mit dieser Diskrepanz muss man umgehen können. Nach einer Ruhezeit mit Geschichten, Entspannung und Hör-CDs wird die Snackpause vorbereitet, die spätestens um 14 Uhr abgehalten werden muss. Ab 14:30 Uhr beginnt dann bereits die Abholzeit, manche Kinder bleiben aber auch noch während des Spätdienstes bis 17 Uhr in der Kita.

Zusätzlich zu den festen durchgeplanten Terminen an jedem Tag gibt es diverse zusätzliche Projekttermine: Schulkinderprojekt, Musikunterricht, gruppenübergreifende Projekte, schulische Sprachförderung, Adventssingen, regelmäßige Singkreise, Vorlesegruppen und vieles mehr.

Das sind zum einen natürlich Angebote, die uns abgefordert werden und ohne die wir in der Konkurrenz der Kitas schlechte Karten hätten. Zum anderen merken Sie aber an der Aufzählung bereits, was an so einem typischen Kita-Tag fast komplett fehlt: Zeit. Zeit zum Freispiel, zum Kuscheln, zum Lesen, zum Ausruhen, einfach nur so. Dafür bietet der Tag mal hier, mal da ein Viertelstündchen, aber die meiste Zeit des Kita-Tages ist straff durchgeplant.

Was nach dem Abholen passiert, spottet teilweise jeder Beschreibung. Manche Eltern stellen dann zuerst die Frage: »Was machen wir denn heute noch?« Es scheint so, als wenn Eltern gar nicht mehr in der Lage wären, ihre Kinder einfach abzuholen, mit ihnen nach Hause zu gehen und sie dort in Ruhe spielen zu lassen. Entweder wollen sie selbst unbedingt noch etwas erleben und verabreden sich, was zur Folge hat, dass das Kind weiterorganisiert werden muss. Oder sie glauben, ihren Kindern etwas Gutes tun zu müssen, indem sie mit ihnen in die Stadt fahren, Eis essen, einkaufen. Was diese Eltern nicht verstehen, ist, dass viele Kinder nach dem langen durchstrukturierten Kita-Tag einfach nur nach Hause möchten. Es gibt sogar Eltern, die nach der Kita noch mit ihren Kindern in ein Spielecenter fahren. Diese Kinder bekommen keine Möglichkeit herunterzufahren, sondern stehen ständig unter Strom. Oder die Eltern fahren noch lange Strecken mit dem Auto, um selbst unter der Woche Freunde in anderen Städten zu besuchen. Und die Kinder sind immer dabei.

Darüber hinaus beinhaltet der Tag für eine ständig steigende Zahl an Kindern Therapiebesuche. Entweder während der Kita-Zeit oder noch danach. Kinder ohne Logopädie, Ergotherapie oder Physiotherapie sind immer weniger anzutreffen. Fällt der Termin in die Kita-Zeit, werden die meisten von ihnen von den Eltern abgeholt und wieder zurückgebracht. Selbst wenn die Eltern es einrichten könnten, lassen sie ihre Kinder vor oder nach so einem Termin ungerne daheim. Es ist ein wenig wie im Erwachsenenleben, wo man vor lauter Pflichtbewusstsein vor und nach einem Arzttermin im Büro erscheint, um bloß keine Urlaubstage oder Überstunden zu vergeuden.

Dazu kommen dann die Fördertermine. Es gibt nicht wenige Kinder in den Einrichtungen, die zusätzlich zur Kita jeden Tag Termine haben. Bei einem Mädchen waren es beispielsweise Tennis, Ballett, ein Schwimmkurs und ein Chor. Und das alles im Alter von fünf Jahren. Dann war da noch der dreijährige Junge, der Hockey, Turnen, Ringen und ebenfalls einen Schwimmkurs zu bieten hatte. Andere nehmen an zwei Chören teil, machen Judo, lernen Klavier, schwimmen, spielen Fußball und anderes mehr. Diese Kinder haben keine Zeit mehr, sich zu verabreden, und besonders vor den Weihnachtsfeiertagen stehen sie wegen der vielen Aufführungen unter starkem Druck.

Man darf sich schon fragen, ob das nicht alles ein wenig zu viel ist. Auch in früheren Zeiten haben Kinder an einer musikalischen Früherziehung teilgenommen oder sind Mitglied im Sportverein geworden. Aber diese Ballung an Terminen und Druck gab es mit Sicherheit nicht. Überlegen Sie, wie es in Ihrer eigenen Kindheit ausgesehen hat: Waren Sie derart vielbeschäftigt? Vermutlich eher nicht. Es ist kein Wunder, wenn die heutigen Kinder bereits in der Grundschule an einer Form von Müdigkeit leiden, die nicht nur entfernt an das erinnert, was wir bei Erwachsenen als Burn-out kennen.

Warum müssen Kinder heute scheinbar immer nur funktionieren und dürfen nicht mehr einfach Kind sein? Wann, so fragen wir uns, gibt es für diese Kinder Familienzeit? Und zwar nicht ständig auf Achse, sondern einfach nur so, daheim, mit den Eltern. So viele Kinder verbringen heute weitaus mehr Zeit mit ihren Erzieherinnen als mit ihren Eltern. Ist das richtig? Nein, das ist es für das Kind sicher nicht. Keine Erzieherin, sei sie noch so gut in ihrem Beruf, kann dem einzelnen Kind so viel Aufmerksamkeit schenken, so viel Zuwendung geben, wie die Eltern es daheim können. Zu Hause sind (im Idealfall) zwei Personen, Vater und Mutter, die sich um ein Kind oder, wenn Geschwister da sind, um zwei oder drei Kinder kümmern können. In der Kita sind meist auch zwei Personen, aber das sind fremde Menschen, die sich um 24 weitere Kinder kümmern müssen. Dieser Unterschied ist heute vollkommen in den Hintergrund gerückt, es wird suggeriert, die Kita-Erziehung sei der elterlichen gleichwertig, wenn nicht gar überlegen. Der Gedanke, dass sie vielmehr eine ideale Ergänzung für einige Stunden am Tag sein könnte, kommt vielen heute kaum noch. Dieser Funktionswandel der Kitas wird sich natürlich nicht von heute auf morgen zurückdrehen lassen, dazu sind auch unsere gesellschaftlichen Strukturen gar nicht mehr geeignet. Trotzdem ist es sinnvoll und wichtig, dass wir uns diese Tatsachen ins Gedächtnis rufen, um eine andere Perspektive auf die Frage der frühkindlichen Betreuung in Kitas und Krippen zu bekommen.

Für die Krippen gelten diese Betrachtungen natürlich noch in viel höherem Maße. Man darf sich durchaus fragen, welchen Grund es für Eltern gibt, ein Kind zu bekommen, wenn sie schon vor der Geburt hektisch damit beschäftigt sind, so schnell wie möglich einen Krippenplatz zu finden, an den sie das Kind »wegorganisieren« können. Das mag im ersten Moment nach einem Vorwurf gegenüber den Eltern klingen, soll aber nur den Blick dafür schärfen, was Kinder eigentlich bedeuten sollten. Wollen wir die Kinder, weil sie unsere Familie komplett machen und uns emotional viel bedeuten? Oder wollen wir Kinder, weil es eben irgendwie dazugehört, obwohl wir gar nicht so recht wissen, wie es nach der Geburt weitergehen soll? Haben wir einen Plan, in dem die Kinder eine Hauptrolle spielen? Oder nur einen, in dem ihnen eine Nebenrolle zusteht?

In der Kita bekommen Erzieherinnen leider immer häufiger genau mit, welche Rolle die Kinder daheim spielen. Einigen fehlt es dort an klaren Ritualen und Strukturen. Oft ist das Wochenende für diese Kinder so anstrengend gewesen, dass die Erzieherinnen am Montagmorgen völlig erschöpfte und gestresste Kinder in Empfang nehmen, die im Grunde einfach nur Ruhe wollen oder am liebsten sofort schlafen gehen würden. Geregelte und angemessene Schlafzeiten scheinen in einigen Elternhäusern komplett aus der Mode gekommen zu sein. Manche Kinder sind die halbe Nacht wach, und Erzieherinnen dürfen sich in der Kita dann Aussprüche anhören wie den von Arnos Mutter: »Arno hat die letzten drei Tage nicht geschlafen und ist heute wahrscheinlich sehr müde. Es ist okay, wenn er tagsüber schläft. Hauptsache, er schläft.« Ja, genau, Hauptsache, er schläft. Warum Arnos Mutter diese Einstellung zu Hause nicht hat, bleibt ein Rätsel. Dort scheint es eben nicht die Hauptsache zu sein, dass der Junge schläft oder auch einfach nur mal ein wenig Ruhe bekommt. Dafür sollen die Erzieherinnen dann am Montag in der Kita sorgen. Leider gab es für Arno in der Einrichtung weder einen Schlafraum noch ein Bett. Also döste das Kind den gesamten Tag vollkommen erschöpft auf einem Sofa vor sich hin. Als Erzieherin steht man in solchen Momenten wieder einmal ratlos davor und fragt sich, was man da eigentlich macht, und ob das alles noch einen Sinn hat.

Solche Fälle sind keine Seltenheit. Auch geregelte Essenszeiten scheint es in manchen Familien nicht mehr zu geben. Für die totale Erschöpfung der Kinder sorgt jedoch das Vollprogramm, das einige Familien an den Wochenenden durchziehen. Es scheint, als wenn sich dann plötzlich das schlechte Gewissen meldet, weil man ja das Kind die ganze Woche über kaum gesehen hat. Nun muss also alles an zwei Tagen nachgeholt werden. Kurztrips quer durch die Republik, Vollbespaßung, jede Menge Special Events, es gibt nichts, was es nicht gibt. Ach, halt, doch, es gibt etwas, was es nicht gibt: Ruhe, Spiel, entspanntes Zusammensein mit den Eltern, Großeltern und Geschwistern. Wo das Geld für Kurztrips und Special Events nicht reicht, gibt es eben zwei Tage lang exzessiven Fernseh- und Videospielkonsum. Das geht immer. Da die Kita ja leider noch nicht am Wochenende geöffnet ist, müssen eben die elektronischen Babysitter herhalten. In Zeiten von Smartphones und Tablets ist die Lage in dieser Hinsicht noch hoffnungsloser geworden. Selbst Vierjährige haben schon ihre eigenen Geräte, Erzieherinnen wissen auch von Zweijährigen mit eigenem Fernseher im Zimmer, den sie unkontrolliert bedienen dürfen.

Wir reden dabei nicht über das eine oder andere Spiel, das die Eltern erlauben, sondern über stundenlangen Konsum zu jeder Tages- und Nachtzeit. Gerade die abendlichen oder sogar nächtlichen Sitzungen vor dem Bildschirm schaden dem kindlichen Organismus enorm. Die Neurobiologie hat gezeigt, dass das Gehirn durch das künstliche Licht der Bildschirme vollkommen aus dem Rhythmus gerät. Ihm wird ständig suggeriert, es sei helllichter Tag, der ganze Schlaf-Wach-Rhythmus kommt komplett in Schieflage. In der Folge sind die Kinder am Montag noch kaputter als bisher schon. Auch das ist eine Erkenntnis, die uns große Sorge macht: Wir sind bei all diesen Dingen noch lange nicht am Ende der Fahnenstange. Vielleicht fängt die Gesellschaft gerade erst an, ihre Kinder endgültig zu verlieren.

Montags sitzen dann Kinder vor ihren Erzieherinnen, die aufgrund der Reizüberflutung am Wochenende überhaupt nichts mehr mitbekommen und wahrnehmen. Und von den Erzieherinnen wird dann erwartet, dass sie mit diesen Kindern pädagogische Höchstleistungen vollbringen.

Sie merken es an diesen Ausführungen: Auch wenn von Rotzlöffeln und Tyrannen die Rede ist: Es gibt hier keine Schuldzuweisungen an die Kinder. Sie sind Opfer der Umstände, die wir alle zu verantworten haben. Wir zwängen ihnen diese Stundenpläne auf, egal, ob es bei uns in der Kita ist oder daheim bei den Eltern. Wir machen das, weil wir aus den Kindern längst kleine Erwachsene gemacht haben und uns einbilden, sie müssten funktionieren, so wie wir funktionieren. Wenn wir darüber näher nachdenken, kommen wir schon zur nächsten Frage: Warum sind wir in einer Situation, in der wir glauben, nur noch funktionieren zu müssen? Warum rennen wir von morgens bis abends gehetzt durch die Gegend und haben trotzdem so oft das Gefühl, nicht das erreicht zu haben, was uns zufrieden macht? Denn hier schließt sich der Kreis: Wir leben im Zeitalter der Projektion. Wir machen unsere Kinder zu Stellvertretern. Sie sind dafür da, uns glücklich zu machen. Da ist eine gewaltige Schieflage entstanden, die wir uns dringend klarmachen sollten. Denn nicht unsere Kinder sind es, die uns glücklich zu machen haben. Unser Glück kann nur aus uns selbst heraus entstehen, und es grenzt in vielen Fällen an emotionalem Kindesmissbrauch, was manche Erwachsene heute machen. Wie wir zu unserem Glück aus uns selbst heraus kommen, ist nicht Gegenstand dieses Buches, doch soll der Gedanke als Anregung hier nicht fehlen. Denn eins ist ganz klar: Glückliche, zufriedene Eltern werden viel eher glückliche und zufriedene Kinder haben, wenn nicht alle Last, für das Glück zu sorgen, auf den schmalen Kinderschultern ruht.

»Ich Chef – Ihr nix!«
Wenn die Kita-Kinder groß werden

Immer wieder zeigen Studien das gleiche Bild: Lehrer an deutschen Schulen sind mittlerweile einem Gewaltpotenzial ausgesetzt, das seinesgleichen sucht. In einer im November 2016 veröffentlichten Studie war von einer Quote von sechs Prozent die Rede: Sechs Prozent Lehrer, die bereits einmal von einem Schüler körperlich angegriffen wurden. Wohlgemerkt: Gezählt wurden hier nur die körperlichen Angriffe, die zahllosen Beleidigungen und psychischen Angriffe auf Lehrkräfte kommen noch obendrauf.

In einem Artikel der *Neuen Westfälischen*, ebenfalls von Ende 2016, berichtete eine Lehrerin aus dem Kreis Herford davon, wie ein Schüler ihr einen Tritt in den Hintern verpasste:

>*»Als mir ein Schüler einen Tritt in den Hintern verpasste und ich ihn anzeigen wollte, bestellte meine Schulleiterin einen Dezernenten der Bezirksregierung ein, der mir folgende Frage stellte: ›Was haben Sie dem Schüler angetan, dass er so reagieren muss?‹ [...]. Ich wurde von einer Anzeige abgehalten, mit dem Hinweis,*

dass ich damit dem gewalttätigen Schüler die Zukunft verbauen würde.«[3]

Wenn man solche Dinge liest, mag man es kaum glauben und weiß gleichzeitig gar nicht, worüber man sich zuerst aufregen soll: Über die bloße Tatsache, dass solche Gewaltszenarien immer häufiger werden und scheinbar mittlerweile an vielen Schulen an der Tagesordnung sind? Oder eher darüber, dass die betroffenen Lehrer keine Unterstützung zu erwarten haben, sondern noch selbst in die Rolle des Täters gedrängt werden und ein schlechtes Gewissen vermittelt bekommen?

Für uns als Erzieherinnen ist die Lektüre solcher Artikel in mehrfacher Hinsicht schmerzlich. Denn natürlich sind wir uns darüber im Klaren, dass die meisten dieser Schüler vorher eine Kita durchlaufen haben. All die respektlosen Beleidiger und Schläger waren einmal Kleinkinder und haben offenbar auch in unseren Einrichtungen nichts mitbekommen, was sie daran hindern würde, sich so zu verhalten.

Nun kann man lange über die Schuldfrage diskutieren, darüber, wer die Verantwortung dafür trägt, dass diese Kinder so aus dem Ruder laufen. Die Erzieherinnen bekommen die Kinder so, wie die Eltern sie an sie abgeben. Das bedeutet natürlich, dass die ersten falschen Weichen im Elternhaus gestellt worden sind und Erzieherinnen nun damit konfrontiert werden. Tatsächlich muss man leider feststellen: Die gesellschaftliche Entwicklung hat ihre ersten Auswirkungen immer in der Kita. Wir sind die Ersten, die wissen können, wie es in ein paar Jahren in der Gesellschaft aussehen wird, und wir können Ihnen versichern, dass dieses Wissen über die Jahre eine immer größere Belastung geworden ist.

Denn in der Kita gibt es inzwischen Jungs wie jenen Sechsjährigen, der vor einiger Zeit vor einer Kollegin stand. Auf seinem T-Shirt stand in großen Lettern: »Ich Chef – Ihr nix!« Die Kollegin ist altgedient und Kummer gewöhnt, sie ließ sich von der klaren Botschaft nicht aus der Ruhe bringen. Sie fragte den Jungen, ob er denn wisse, was auf seinem Shirt stehe. »Jahaaa«, war die Antwort, verbunden mit einem leicht unsicheren Blick. »Da steht ›Ich nix – Ihr Chef‹, oder?« Sie blickte ihn herausfordernd an. »Hm, nein …«, sicher war er sich allerdings nicht. »Doch, doch«, beharrte die Kollegin, »da steht: ›Ich nix – Ihr Chef‹, also heißt das, wir sind die Chefs, und du bist nichts, richtig?« Fortan war die demonstrative Selbstsicherheit, die dieses Kind versprühte, von ihm gewichen. Es war schon deutlich zu spüren, dass seine Eltern ihm eine andere Botschaft vermittelt hatten, die mit der auf dem Shirt übereinstimmte.

Viele Menschen finden solche und ähnliche Sprüche auf T-Shirts witzig, man sieht sie an Ständen auf Jahrmärkten oder in Billigklamottenläden, und sie werden gerne gekauft. Mit Aufschriften wie »Alleskönner«, »Hier bestimme ich«, »Ich weiß alles«, »Zicke de luxe« oder auch »Monsterkind« haben sich die Hersteller einen großen Markt erschlossen. Den Erzieherinnen ist allerdings das Lachen schon lange vergangen, bekommen sie doch immer stärker zu spüren, dass die Botschaften auf diesen Shirts häufig gar nicht so lustig gemeint sind, sondern die Realität in einem Maße abbilden, das man nicht für möglich halten sollte.

»Ich Chef – Ihr nix!« ist exakt das, was immer mehr Kinder als Haltung Erwachsenen gegenüber jeden Tag präsentieren. Natürlich ist kein Kind von sich aus so, niemand wird mit dieser Haltung geboren. Daher bekommen wir recht genau mit, was in den Elternhäusern abläuft, wenn uns solche Botschaften vermittelt werden, und der Kontakt mit den Eltern solcher T-Shirt-Träger bestätigt unsere Vermutungen oft.

Da war zum Beispiel die Geschichte von dem Vater, der eines Tages in die Kita seiner Tochter kam und ein Musterbeispiel an Respektlosigkeit und Ignoranz an den Tag legte. Die Vorgeschichte war ganz simpel: Das Mädchen kam am Montag mit einem blauen Auge in die Kita und konnte auf Nachfrage der Erzieherin sehr gut beschreiben, was passiert war. Es sei am Wochenende bei der Oma gewesen, sei auf dem Sofa herumgehopst und dann gestürzt und mit dem Kopf an den Sofatisch geknallt. Daher die kleine Verletzung. »Aber das war gar nicht so schlimm. Oma hat einen kalten Lappen draufgelegt, und ich habe nur ganz kurz geweint!« Kein Grund, an der Darstellung des Kindes zu zweifeln.

Mittlerweile hatte die Beule bereits begonnen, sich lila und grün zu färben. Der Vater, dem das nun endlich aufgefallen war, kam daraufhin in die Kita und verlangte Aufklärung, warum seine Tochter einen Bluterguss unter dem Auge habe. Den blauen Fleck hatte er zwar gesehen, aber nun war er ja grün und lila. Also musste doch etwas anderes vorgefallen sein. Die Erzieherin versuchte, ihm zu erklären, dass Blutergüsse sich nun mal im Lauf der Zeit verfärben, doch er wurde immer wütender und bestand darauf, dass es einen Vorfall in der Kita gegeben haben müsse. Offenbar habe die Erzieherin »Hans-guck-in-die-Luft« gespielt, statt auf die Kinder zu achten.

Nachdem keine Beruhigung eintrat, bat die Erzieherin den Vater, den Raum voller Kinder zu verlassen, doch das machte ihn nur noch wütender. Er verließ den Raum nicht und rief laut genug, damit es alle mitbekamen, er habe es nicht nötig, sich in einem solchen »Hurenhaus« von »Schlampen« Lügengeschichten auftischen zu lassen. In das daraufhin entstandene Schweigen im Raum sagte ein Kind leise zur Erzieherin: »Der sagt aber wirklich böse Sachen. Das darf man doch nicht!«

Nein, richtig, das darf man eigentlich nicht. Aber es geschieht immer und immer wieder. Kinder bekommen von daheim vermittelt, dass sie Chef sind und andere Menschen bestenfalls ihre Diener. Erzieherinnen in der Kita eignen sich für dieses Schema besonders gut, mit ihnen verbringt man jeden Tag viele Stunden, sie müssen dafür sorgen, dass gegessen und getrunken werden kann und Möglichkeiten der Unterhaltung bestehen. Wen könnte man also besser rumkommandieren, wem könnte man besser deutlich machen, dass er nur ein Dienstbote für den kleinen Tyrannen und die kleine Prinzessin ist?

Auswirkungen auf die Gesellschaft

Wir haben es mit den Beispielen aus dem Schulbereich schon angedeutet: Kinder, die in der Kita bereits in der einen oder anderen Hinsicht auffällig gewesen sind, werden diese Karriere meistens auch in späteren Jahren fortsetzen. Wir Erzieherinnen sehen also, wer in der Schule wohl einmal Probleme machen wird, wer später im Ausbildungsbetrieb oder auch im Studium so mit Menschen umgehen wird, dass eigentlich niemand etwas mit ihm zu tun haben will.

Und diese negative Tendenz, die wir seit vielen Jahren in unseren Einrichtungen sehen, gibt Anlass zu größter Sorge. Das Problem liegt in besonderem Maße bei den Eltern, und von dort wirkt es wieder zurück auf die Kinder.

Ein Beispiel, das zuletzt mehrfach durch die Presse ging, sind etwa die Vorkommnisse auf Fußballplätzen bei Spielen von Jugendmannschaften. In einigen Ligen ist es für die Verbände schon fast nicht mehr möglich, noch Schiedsrichter für die Spiele zu finden, weil so viele diesen Job hinschmeißen. Sie haben einfach keine Lust mehr, sich das anzutun, was sie Wochenende für Wochenende erleben müssen.

Da geht es um Spiele von Jugendmannschaften, in denen Jungs und Mädchen im Alter zwischen sechs und 12, 13 oder 14 Jahren stehen. Die wollen im Prinzip einfach nur Fußball spielen und Spaß haben, doch dann sind da die Eltern am Spielfeldrand. »Tritt ihn um!«, »Schiri, du blinde Sau!«, auf diese Weise geht es in einem fort. Junge Schiedsrichter berichten von Spielen, bei denen sie sich eigentlich gar nicht auf den Platz trauen und nach dem Abpfiff am liebsten Polizeischutz anfordern würden, wie sie es manchmal bei ihren erfahrenen Kollegen in der Bundesliga zu sehen bekommen.

Der Deutsche Fußballbund hat vor einiger Zeit entschieden, dass Eltern bei Jugendspielen nur noch bis auf einen bestimmten Abstand an das Spielfeld herantreten dürfen, nachdem es bei Jugendspielen zu Ausschreitungen gekommen ist, weil Väter und Mütter nicht mit den Entscheidungen des Schiedsrichters einverstanden waren oder Spielern der gegnerischen Mannschaft an den Kragen wollten. Dass eine solche Maßnahme im Sport notwendig wird, zeigt, wie sehr sich die Maßstäbe in unserer Gesellschaft verschoben haben. Was diese Eltern für einen Einfluss auf ihre Kinder ausüben, merken dann wiederum Schulen und eben auch Kindergärten. Die gleichen Respektlosigkeiten, die gleiche fehlende Distanz, die gleiche verbale Inkontinenz. »Ich Chef – Ihr nix!«

Das hat auch Auswirkungen auf das familiäre Umfeld von uns Erzieherinnen. Haben Sie sich einmal überlegt, was es mit einem macht, wenn man den ganzen Tag von Kindern umgeben ist, von denen ein viel zu großer Teil komplett neben der Spur läuft?

Nicht wenige Erzieherinnen sind selbst Mütter. Und sie wollen, wie jede Mutter, gute Mütter sein, sich liebevoll um ihre Kinder sorgen, ihnen ein gutes Aufwachsen ermöglichen. Doch dann kommen sie nachmittags oder auch erst abends nach Hause und werden mit quengelnden Kindern konfrontiert, mit den eigenen nämlich. Ganz normal eigentlich, jedes Kind quengelt schließlich mal rum. Für Erzieherinnen jedoch ist nicht selten dann das eigene Kind der Tropfen, der das Fass zum Überlaufen bringt. Hatte man sich während des Tages noch professionell einigermaßen im Griff, brechen jetzt in der privaten Sphäre die Dämme. Kinder werden angeschrien, ungerecht behandelt, am liebsten möchte man sie gar nicht sehen und wünscht sie sich weit weg.

Ungerecht? So geht man mit Kindern nicht um, und schon gar nicht mit den eigenen? Natürlich, Sie haben recht. Und doch passiert genau das, weil der Alltag im Beruf einen so weit bringt, dass die eigenen Kinder darunter zu leiden haben. Eine Kollegin erzählte uns einmal, wie es ihr ergeht, und wir dürfen leider davon ausgehen, dass es in unzähligen Erzieherinnen-Haushalten ebenso aussieht: »Wenn ich nach der Arbeit nach Hause komme, bekomme ich manchmal schon vor der Tür Schweißausbrüche. Ich stelle das Auto auf den Parkplatz, gehe auf die Haustür zu und weiß, was mich gleich erwartet. Die Kinder, die, bis ich daheim bin, von meiner Mutter betreut wurden, freuen sich auf Mama und werden gleich wie kleine Kletten an mir hängen. Sie wollen mir ihren Tag erzählen, von kleinen und großen Dramen berichten, über blöde Leute meckern, sich mit mir über schöne Dinge freuen. Und ich? Ich nehme das alles nur noch wie in Trance wahr. Mein Verstand sagt mir: Deine Kinder. Mein Gefühl sagt mir: Schon wieder Kinder, die dir auf die Pelle rücken und unablässig etwas von dir wollen, schon wieder Unruhe, Stress, Hektik. Meistens habe ich mich im Griff, aber wenn der Tag in der Kita besonders schlimm war, raunze ich meine Kinder an, sie sollen ruhig sein, nicht so aufdringlich. ›Geht doch in euer Zimmer spielen, lasst mich in Ruhe‹, höre ich mich selbst sagen und hasse mich im gleichen Moment dafür. Manchmal denke ich, als Erzieherin sollte man bloß keine eigenen Kinder haben, sie leiden nur drunter.«

Leider sind solche Schilderungen kein Einzelfall. Um die psychische Verfassung von Erzieherinnen ist es schlecht bestellt, wie wir auch bereits im Kapitel über den Gesundheitszustand der Erzieherinnen in der Branche gezeigt haben, und es wäre sehr spannend, wenn Studien sich einmal ausschließlich mit diesem Bereich befassen würden. Die Ergebnisse dürften erschreckend sein.

Doch betroffen ist nicht nur die eigene Familie der Erzieherinnen, sondern auch deren persönliches Umfeld. Wie bei einer Co-Abhängigkeit bei Süchtigen wirkt sich der tägliche überdosierte Stress am Arbeitsplatz auf Freunde und Bekannte aus, vor allem aber auch auf den Lebenspartner. Eine Kollegin erzählte von jener Party, auf die sie mit ihrem Lebensgefährten ging. Eigentlich schien es eine ganz normale Party zu sein, man unterhielt sich, trank und aß etwas, alles fühlte sich normal an. Bis der Lebensgefährte, der gerade noch mit ihr und ein paar Bekannten zusammengestanden hatte, sich unvermittelt von der Gruppe entfernte und sich andere Gesprächspartner suchte. Wieder daheim angekommen, fragte sie ihn, ob etwas vorgefallen sei, er habe sich ja so plötzlich von der Gruppe entfernt. Das habe sie doch etwas irritiert. Seine Antwort muss noch irritierender gewesen sein. Er ertrage das kaum noch, sagte er, jedes Mal, wenn sie ausgingen, dauere es nur wenige Minuten, bis sie das Gespräch auf ihren Job brächte. Jedes Mal die Klagen über Kollegen, Eltern und Rotzlöffel-Kinder. Wenigstens abends auf einer Feier wolle er doch mal Ruhe und Abstand von diesen Themen haben.

Die Kollegin war entsetzt. Ihr war es gar nicht mehr aufgefallen, aber wenn sie richtig nachdachte, hatte ihr Lebensgefährte recht. Tatsächlich verfolgten sie die Ereignisse des Tages so sehr, dass sie sich auch nach Feierabend nicht davon lösen konnte. Sie versprach Besserung, merkte aber auch in der Folgezeit immer wieder, wie sich der Kita-Alltag automatisch sein Ventil suchte und nach außen drängte.

Auch das ist etwas, was sehr viele Erzieherinnen kennen. Der ungeheure Stress des Tages wirkt sich auf keine gute Weise im privaten Kosmos aus und belastet die persönlichen Beziehungen. Aber es gibt auch gesamtgesellschaftliche Auswirkungen des Kita-Wahnsinns. Während das persönliche Umfeld der Erzieherinnen leidet, nehmen die Folgen auf der gesamtgesellschaftlichen Ebene dramatische Formen an. Das Beispiel mit den Schiedsrichtern und Fußballern ist nur eines von vielen, in denen wir sehen, wie sehr verschiedene Bereiche bereits unter Eltern leiden, die nicht mehr Eltern sind, und unter Kindern, die nicht mehr Kinder sein dürfen und können.

Es sind oft die scheinbar lustigen, kleinen, zu vernachlässigenden Beispiele, die uns zeigen, was uns in der nahen Zukunft erwartet. Ein Vater berichtet auf einer Abendveranstaltung zum Thema Erziehung über seine bevorzugte Methode: Ironie. Zunächst versteht keiner, was er meint, denn wie erzieht man Kinder ironisch? Doch dann folgt eine Beschreibung, wie das geht, und die Stimmung im Saal teilt sich in Ungläubigkeit und Amüsement. Neulich, so sagt er, habe sein sechsjähriger Sohn mit dem Autoschlüssel seinen Namen in die Hintertür des Autos geritzt. Man merkt dem Vater an, wie stolz er darauf ist, dass der Sechsjährige schon seinen Namen schreiben kann. Das Publikum erwartet nun sichtlich eine Schilderung dessen, wie er dem Sohn klargemacht hat, dass das nicht geht. Doch des Vaters Erziehungsmethode ist eben die Ironie. Er habe seinem Sohn gesagt: »Das war leider die falsche Seite. Denn hier sitzt doch deine Schwester! Hättest du es nicht auf die andere Seite schreiben können?«

Nach einem kurzen Moment des Erstaunens (und des Entsetzens bei uns und einigen anderen Anwesenden) beginnen die meisten Anwesenden im Raum zu lachen. Scheinbar findet man die Geschichte lustig. Von der Reaktion animiert, setzt der Vater noch eins oben drauf: »Kurze Zeit später sehen wir, dass unser Sohn im Wohnzimmer schon wieder geübt hat. Dieses Mal hatte er seinen Namen auf die Scheibe des Zimmers geritzt.« Der Saal tobt, die meisten Besucher lachen. Scheinbar herrscht unter diesen Leuten ein

Überangebot an Humor, Geld, Geduld und Nervenstärke. Der Vortragende ist seinerseits nur leicht irritiert, kennt er doch solche Storys aus seinen Veranstaltungen zur Genüge, ihn kann so schnell nichts mehr schocken. Ruhig erklärt er dem Publikum, dass Ironie keine geeignete Erziehungsmethode ist, da Kinder erst ab einem bestimmten Alter überhaupt ansatzweise Ironie verstehen. Bei einem Sechsjährigen sei das nicht der Fall. Wer in das Gesicht des Vaters blickte, sah dort wenig Verständnis, sondern nur selbstgefälliges Grinsen. Was sollte dieser »Experte« ihm schon sagen können? Immerhin konnte sein Sohn schon seinen Namen schreiben. Wen interessiert da der Hang zur Sachbeschädigung?

Denn Letzteres ist es eben, was das Kind dort betreibt, und die Folgen davon, dass offenbar Eltern zunehmend ähnlich lässig mit dem Thema umgehen wie der ironiebeflissene Vater, sehen Erzieherinnen häufig in der Kita. Weder das Mobiliar oder andere Gegenstände der Einrichtung noch das Eigentum anderer Kinder sind vor mutwilligen Beschädigungen sicher. Und ein Blick auf die amtlichen Statistiken hinsichtlich Sachbeschädigungen reicht, um zu sehen, wie sich diese Einstellung zu fremden Sachen im Jugendalter und bei jungen Erwachsenen auswirkt.

Ein anderes Beispiel: Eine fünfköpfige Familie sitzt im Großraumwagen des ICE, die Eltern gut gekleidet, um die Vierzig, sowie ein etwa fünfjähriges Zwillingspärchen und ein Säugling. Die Zwillinge schreien unablässig durch den ganzen Zug, selbst der Versuch, mit Ohrstöpseln für Entlastung zu sorgen, ist zum Scheitern verurteilt. Vater und Mutter stört das gleichwohl wenig, er träumt vor sich hin, sie ist mit dem Baby beschäftigt. Schließlich kann das Geschrei doch abgestellt werden, denn natürlich ist das Wundermittel schlechthin im Gepäck. Die Jungs bekommen ein Tablet vor die Nase und sind eine Weile damit beschäftigt, einen Film zu schauen. Am Ende des Films beginnt die Show von vorne. »Film zu Ende!!«, kräht der eine, der andere nickt heftig. Immerhin: Die Mutter entscheidet sich nun, ein Spiel mit den beiden zu machen, das sie allerdings auch nicht wirklich ruhig stellt. Das verzweifelte »Pssst« der Mutter ignorieren sie perfekt. Schließlich, mittlerweile hat auch der Säugling in das Geschrei eingestimmt, langweilt die beiden das Spiel und sie beginnen wie wild durch den Gang zu rennen. Als sie die Toiletten entdecken, macht es ihnen großen Spaß, die Türen immer wieder aufzureißen und mit einem lauten Knall zuzuschmeißen. Niemand sagt etwas, nur das andauernde »Pssst« der Mutter ist immer mal wieder unterschwellig zu hören. Bis zum Aussteigen der Familie geht es in diesem Stil weiter, und weder Passagiere noch Bordpersonal äußern sich zur Situation, die die Eltern die ganze Zeit laufen lassen. Wahrscheinlich kennen Sie das: Äußert man in so einem Fall Kritik oder versucht gar, einzuschreiten, etwa, um das Türenknallen zu beenden, heißt es: »Sind doch nur Kinder!« Dass man fünfjährigen Kindern untersagen kann, die Toilettentüren als Spielzeug zu missbrauchen, und dass es den Eltern möglich sein könnte, sie zu mehr Ruhe aufzufordern, scheint niemandem mehr klar zu sein.

Auch ein Besuch im Discounter zeigt zuweilen deutlich, wo Grenzen überschritten werden: Die ältere Dame hätte vorgewarnt sein können durch das sich schnell durch die Gänge bewegende Fähnchen. Als sie um den Auslagenkorb herumkam, bewegte sich das Fähnchen und mit ihm eine Fünfjährige auf ihrem rosa Prinzessinnenfahrrad in schnellem Tempo auf sie zu und raste ungebremst zwischen ihre Beine. Als die Frau, während sie sich das schmerzende Bein rieb, die Bemerkung wagte, das Mädchen solle absteigen, folgte vonseiten des Mädchens der laute und empörte Ausruf: »Das ist *mein* Fahrrad!« Die Eltern, die ein paar Meter weiter mit den Auslagen in den Aufstellkörben beschäftigt waren, schauten nur kurz auf, um sich dann wieder ihren Einkäufen zu widmen. Die ältere Dame verlangte nach der Filialleitung, um im Beisein dieser ein Gespräch mit den Eltern zu führen. Diese zuckte nur mit den Schultern und erwiderte: »Was soll ich tun? Es hilft ja doch nichts. Immer wieder kommt es vor, dass wir Kinder mit Skateboards, Kick-Boards oder Rollern hier rumfahren sehen. Sagen Sie selbst, ist es nicht Aufgabe der Eltern, dafür zu sorgen, dass ihre Kinder lernen, dass sich so etwas nicht gehört? Ich kann da auch nichts machen. Ich darf dazu nichts sagen.« Das Kind drehte also weiter seine Runden. Die Eltern kauften weiter ein. Und die ältere Dame verließ kopfschüttelnd den Supermarkt.

Ein weiteres Beispiel aus einem Supermarkt zur besten Einkaufszeit: Eine Mutter mit ihrem etwa anderthalbjährigen Kind im Einkaufswagen zwischen den Regalen. Wer in der Nähe steht, kann live dabei sein, wie Mama sich mit dem Kleinkind unterhält: »Was wollen wir denn heute essen? Guck mal, da sind Kohlrabi! Wollen wir vielleicht Kohlrabi essen? Ja? Möchtest du Kohlrabi?« Während das Kind die Mutter mit großen Augen anschaut, hat diese eine Entscheidung getroffen: »Dann kannst du der Mami jetzt helfen!« Spricht's, nimmt das Kind aus dem Wagen und hält es quer über die Gemüsetheke, wo sich das halb in der Luft hängende Mädchen abmüht, einen Kohlrabi zu erwischen. Als ihre kleinen Händchen endlich ein Gemüsestück erwischt haben und der kindliche Kran es fast in den Wagen gelegt hat, fällt es dem Kind aus den Händen auf den Supermarktboden. Damit ist dieses Stück Kohlrabi natürlich aus dem Rennen. Also die ganze Prozedur von vorne, bis endlich der Kohlrabi den Weg in den Wagen gefunden hat.

Doch natürlich brauchen Mami und Kind nicht nur Kohlrabi, sondern noch diverse andere Dinge für den alltäglichen Bedarf. Und so geht es auf die gleiche Art und Weise quer durch den ganzen Laden, bis endlich die Kassenzone in Sichtweite ist. Hier nun soll das ganze Schauspiel seinen Höhepunkt erreichen: »Schatz, du kannst der Mami jetzt helfen!« Woraufhin Mami das Kind aus dem Wagen hebt und es über diesem schweben lässt, damit es jedes Teil einzeln aufs Kassenband legen kann. Dahinter wird die Schlange länger und länger, bis endlich der Kassiererin der Geduldsfaden reißt: »Gute Frau, legen Sie jetzt bitte die Waren aufs Band, wir haben alle nicht ewig Zeit!« Tatsächlich beendet Mami die Aktion damit, jedoch nicht ohne ihrer Tochter zu erklären: »Schatz, die Tante wird böse, wenn wir das hier machen. Da müssen wir leider aufhören!«

Das sind nur ein paar Beispiele dafür, dass wir alle bereits heute erahnen können, was in den kommenden Jahren auf uns zukommt. Wir haben es mit einer stetigen Abnahme des Anteils an normal funktionierenden Familien zu tun, dafür auf der anderen Seite mit immer absurderen und bedrohlicheren Szenarien, in denen deutlich wird, dass einem steigenden Anteil an Menschen Gesellschaftsfähigkeit weitestgehend abgeht.

Wie es um diese künftige Gesellschaftsfähigkeit bestellt ist, kann man in der Kita erleben und auch in der Presse immer wieder lesen. Da ist das Beispiel des Streichelzoos Trappenkamp, über das berichtet wurde.

Dieser Streichelzoo wurde von seinem Betreiber eines Tages geschlossen, weil das die letzte Konsequenz war, die er aus den anhaltenden Misshandlungen seiner Tiere ziehen konnte. Immer wieder hatten Kinder die Lebewesen im Zoo mit Stöcken geschlagen und mit Steinen beworfen oder auf andere kreative Art und Weise gequält. Über einen langen Zeitraum gab es immer wieder Ermahnungen, auch Bitten und Erklärungen. Doch es nützte alles nichts, die Misshandlungen wurden eher noch schlimmer. Am Ende war die Schließung die letzte Möglichkeit, die Tiere zu schützen.

In einem solchen Beispiel tritt die emotionale Unreife solcher Kinder offen zutage. Sie geht einher mit einem erheblichen Mangel an Empathie. Mitgefühl mit den Tieren? Nicht zu erkennen. Die Kinder erfahren jeden Tag, dass die Welt sich ausschließlich um sie dreht. Warum sollten diese Kinder Mitgefühl zeigen? Wo sollte das überhaupt herkommen?

Doch wir brauchen gar keine Presseberichte, um zu wissen, was bereits heute im täglichen Leben passieren kann. Eine Kita reicht da vollkommen aus. Ein gutes Beispiel ist das des fünfjährigen Lukas, der eines Tages mit seinen Erzieherinnen im Abschlusskreis sitzt. Dieser Kreis wird regelmäßig genutzt, um zum Abschluss des Kita-Tages Lieder zu singen, Geburtstage zu feiern und ähnliche Dinge anzubringen. An diesem Tag war das besonders Erfreuliche, dass die älteren Jungen der Gruppe den Außenbereich sehr gut aufgeräumt hatten. Die Erzieherin sprach das explizit an, um den Kindern entsprechend positive Rückmeldung auf ihr Verhalten zu geben, und alles hätte gut sein können. Wenn, ja wenn nicht Lukas geglaubt hätte, die Situation kommentieren zu müssen: »Davon träumt der Führer!«

Nach einem Moment des ungläubigen Erstaunens über diese Aussage eines Fünfjährigen wies die Erzieherin ihn auf die Unangemessenheit seines Spruchs hin, wohl wissend, dass der Junge die Dimension des Problems gar nicht ermessen konnte. Da war ganz klar ein Gespräch mit den Eltern fällig, was dann auch in der Mittagspause mit der Mutter geführt wurde. Die Mutter, auf die Aussage ihres Sohnes angesprochen, reagierte fassungslos. Allerdings nicht auf den Nazispruch des Kindes, sondern auf das Verhalten der Erzieherin. Der Spruch gehöre zum normalen Sprachgebrauch in ihrer Familie, herrschte sie die Kollegin an, die allerdings sichtbar nicht gewillt war, sich das bieten zu lassen. Als sie darauf bestand, dass solche Sprüche nicht in Ordnung seien, rief die Mutter Lukas zu sich und erklärte dem Fünfjährigen im Beisein der Erzieherin, dass diese ihm überhaupt nichts zu sagen und schon gar nicht zu verbieten habe. Als die Kollegin das Kind zurück in die Gruppe schicken wollte, um die Sache noch einmal in Ruhe mit der Mutter zu bereden, kam postwendend zurück: »Dass Sie eine arrogante Ziege sind, wusste ich schon immer!«

Ein großes Problem besteht darin, dass diese Dinge häufig genug nur hinter vorgehaltener Hand diskutiert werden. Niemand will sich angreifbar machen, niemand will derjenige sein, der allen die Laune verdirbt, und niemand möchte als Untergangsprophet beschimpft werden. Dabei würde fast jeder der Meinung zustimmen, dass man Probleme nur lösen kann, wenn man sie offen anspricht. Aber auch das funktioniert nicht mehr, wenn Probleme nicht mehr Probleme genannt werden, sondern als Normalzustand gelten.

IN DEN KITAS ZIEHEN WIR UNSERE ZUKUNFT GROSS
Was sich ändern muss

Sie haben in diesem Buch sehr viele negative Dinge über die Kita-Wirklichkeit lesen müssen, und es war sicherlich nicht immer ganz einfach, das zu ertragen. Wir alle wollen schließlich, dass es den Kindern gut geht, wenn sie in der Krippe oder der Kita sind, dass diese eine gute Ergänzung zur Erziehung in der Familie darstellt. Wir wollen aber auch, dass aus den Kleinst- und Kleinkindern in den Einrichtungen einmal verständige Schulkinder und später reife Jugendliche und Erwachsene werden. Diese Aussichten sind leider derzeit durch die vielen, vielen Missstände im Erziehungswesen sehr schlecht. Wenn über Tyrannen gesprochen wird, über Rotzlöffel und kleine Monster, dann provoziert das viele Menschen. Sie glauben, über Kinder dürfe man so nicht reden, ja, viele behaupten sogar, all das sei erfunden von griesgrämigen Pädagogen, Psychiatern und Ärzten. Wer das glaubt, hat noch nie erlebt, was im deutschen Erziehungswesen abgeht. Deshalb war es uns ein Anliegen, dieses Buch zu schreiben. Es ist Aufschrei, Hilferuf, Zustandsbeschreibung, Hinweis und Verbesserungsvorschlag in einem. Letzterer soll vor allem in diesem Kapitel Platz finden, denn natürlich bringt es nur begrenzt etwas, all die Missstände zu beschreiben. Vorschläge, wie es anders laufen könnte, sind gefragt, und wir möchten im Folgenden in einiger Hinsicht konkret werden, wie solche Vorschläge aussehen könnten.

Die Rahmenbedingungen

Bei all den Klagen über Tyrannen und Rotzlöffel wird gerne vergessen, dass diese nicht aus dem Nichts entstehen. Über die Fehler auf Elternseite, über gesellschaftliche Entwicklungen muss in diesem Fall gesprochen werden. Aber es muss eben auch um die Rahmenbedingungen der Erziehungsarbeit gehen. Sinnvolle pädagogische Arbeit muss von außen ermöglicht werden, Politiker und die sie beratenden Experten sollten endlich einmal aus ihrem Elfenbeinturm herabsteigen und einen (oder besser mehrere) Blick in die Realität werfen. Im Folgenden möchten wir einen Maßnahmenkatalog vorschlagen.

Gruppengröße: Wir haben derzeit viel zu große Gruppen, die mit in der Regel zwei Erzieherinnen pro Gruppe nicht vernünftig zu handeln sind. Eine Erzieherin sollte mit maximal fünf bis sechs Kindern in Kleingruppen arbeiten können. Bei zwei Erzieherinnen kommen wir so also auf eine maximale Gruppengröße von zwölf Kindern pro Gruppe beziehungsweise Gruppenraum. Das mag vor dem Hintergrund heutiger Gruppengrößen von bis zu 25 Kindern oder mehr utopisch klingen, es verdeutlicht aber, in welche Richtung wir uns dringend bewegen müssen.

Räumlichkeiten und Ausstattung: Die Räume in Kitas müssen eine ausreichende Größe aufweisen. Welche das ist, müsste errechnet und festgelegt werden, Fakt ist jedenfalls, dass auch heute noch häufig Räume viel zu klein für eine sinnvolle pädagogische Arbeit sind.

Von enormer Wichtigkeit ist die Schallisolierung und damit zusammenhängend die Frage nach der Verwendung bestimmter Baustoffe. Lärm ist, wie beschrieben, eine der Hauptquellen für die psychische Belastung von Erzieherinnen, eine Lärmreduzierung würde mithin einen großen Schritt hin zur sprichwörtlichen Gesundung der Branche bedeuteten.

Die Räume müssten organisch gebaut sein, nicht nach dem Prinzip »quadratisch-praktisch-gut«, es gehört eine Fußbodenheizung in jeden Raum, individuell steuerbar. In diese Räume gehören sinnvolle Möbel, Materialien und Spiele. Die Gebäude an sich sollten nicht nur von Architekten geplant werden, sondern in Zusammenarbeit mit Kita-Erzieherinnen und pädagogischen Raumgestalterinnen. So wären eine sinnvolle pädagogische Planung, die Entwicklung und der Bau von Krippen- und Kita-Räumlichkeiten möglich.

Ein Büro für die ganze Kita ist zu wenig. Tatsächlich müsste jede Gruppe über ein direkt an den Gruppenraum angeschlossenes kleines eigenes Büro verfügen. Mit Telefon, Computer, Drucker, Laminierer, Fotoapparat und weiteren notwendigen technischen Arbeitsgeräten. Nur dann könnten in Ruhe und professionell Dokumentationsaufgaben sowie Vor- und Nachbereitungen erledigt werden.

Für die Erzieherinnen wäre geeignetes Mobiliar zur Verfügung zu stellen. Ein Essplatz in der Gruppe zum gemeinsamen Mittagessen zum Beispiel, weitere Stühle oder auch Sofas. Wer auf die Idee gekommen ist, es reiche vollkommen aus, die kindgerechte Möblierung einfach auch den Erzieherinnen anzubieten, kann wirklich nicht nachgedacht haben. In anderen Betrieben wären derart unangebrachte Arbeitsmittel längst ein Fall für den Arbeitsschutz.

Jede Kita sollte über einen reinen Pausenraum verfügen, der mit ergonomisch geformten Möbeln ausgestattet sein muss. Dort gehören Stühle, Sofas, Bänke oder Liegen hinein. Hier sollte es einerseits möglich sein, in Ruhe in der Pause zu essen, aber auch, mit

Kollegen und Kolleginnen ins Gespräch zu kommen, andererseits wäre hier aber auch eine Möglichkeit gegeben, in einem abgetrennten Bereich Entspannungsmöglichkeiten anzubieten, etwa über Entspannungsmusik via Kopfhörer oder sogenannte »Snoezelen-Elemente«, also Mobiliar, das gezielt für die Entspannungssuche gemacht ist. Oder dafür, einfach nur Stille zu genießen. Handys haben in einem solchen Raum nichts zu suchen und sollten überhaupt nur außerhalb der Kita verwendet werden.

Mittagessen: Das Mittagessen müsste im Sinne des »pädagogischen Happens« für alle Gruppenmitarbeiterinnen kostenfrei sein. Im Sinne der Gesundheitsförderung sollte jede Erzieherin die Möglichkeit haben, an diesem Mittagessen teilnehmen zu können. Ähnlich wie bei den Kindern sollten auch für die Erzieherinnen Möglichkeiten geboten werden, Sonderkost zu bekommen, wenn Unverträglichkeiten und Allergien vorliegen oder es beispielsweise religiöse Gründe dafür gibt.

Bezahlung: Das Thema, über das wir am wenigsten gerne reden: Geld. Die Streiks in der Vergangenheit für eine bessere Bezahlung von Erzieherinnen mögen bei allen Beteiligten für erheblichen Stress gesorgt haben, sie waren gleichwohl sehr berechtigt. In kaum einer anderen Branche wird so viel wichtige und anspruchsvolle Leistung mit so wenig Geld vergolten.

Konkret muss die Bezahlung von Erzieherinnen an die von Grundschulpädagogen angeglichen werden. Auch über Zulagen für Krippenpädagoginnen könnte man reden. Voraussetzung dafür ist natürlich, dass die Mitarbeiterinnen eine spezifische Krippen-Ausbildung und eine dafür passende Persönlichkeit mitbringen. Dementsprechend muss auf die Persönlichkeitsentwicklung im Rahmen der Ausbildung viel mehr Wert gelegt werden als bisher.

Ausbildungskosten sollten beim Gehalt berücksichtigt werden, eine Erzieherin mit Ausbildung durch ein Studium also besser bezahlt werden als eine, die nur eine Ausbildung absolviert hat. Darüber hinaus ist eine regelmäßige Anhebung der Bezüge nach Berufsjahren unabdingbar.

Auch Tätigkeiten im Rahmen eines ausbildungsbegleitenden Praktikums sollten entsprechend entlohnt werden, da diese Praktikantinnen häufig eine Gruppenkollegin ersetzen müssen und damit auch die gleiche Arbeit leisten wie diese.

Warum ist eine deutliche Anhebung der Bezüge so wichtig? Sind wir Erzieherinnen plötzlich gierig geworden? Sollten wir nicht dankbar sein, in einem so erfüllenden Beruf arbeiten zu dürfen?

Nun, zum einen drückt eine bessere Bezahlung endlich eine angemessene Entlohnung für einen Job aus, der einen jeden Tag bis auf die Knochen fordert – und zum anderen würde das auch nach außen endlich eine entsprechende Anerkennung für diesen Knochenjob ausdrücken. Immerhin wird in Krippe und Kindergarten der Grundstein für die gesamte Bildungsbiografie eines Kindes gelegt. Und diese verantwortungsvolle Arbeit erfordert eben auch entsprechende Entlohnung.

Darüber hinaus würde sich die Attraktivität des ganzen Berufsfeldes schlagartig erhöhen, wenn die Verdienstaussichten deutlich besser wären. Nicht zuletzt hätten wir dann endlich auch eine Chance, den Männeranteil deutlich anzuheben. Dieses Ziel wird zwar schon seit Jahren immer wieder ausgegeben, ist jedoch bei den aktuellen Gehältern und der geringen Anerkennung so gut wie nicht umsetzbar.

Zulagen: Sobald Extratätigkeiten in den Einrichtungen übernommen werden, sollten Zulagen gezahlt werden. Ganz wichtig ist das auch bei Fort- und Weiterbildungen, mit denen die Erzieherinnen gezielt Bildungslücken schließen und ihrer Einrichtung einen großen Dienst erweisen. Es kann nicht sein, dass es weiterhin so gehandhabt wird wie bisher, dass also zum Teil monate- oder jahrelange Fortbildungen gemacht werden, die sich hinterher auf dem Gehaltszettel überhaupt nicht widerspiegeln. Theoretisch wäre mit diesem Mittel auch dem totalen Wildwuchs an Fortbildungsangeboten ein wenig Einhalt zu gebieten. Wenn es verpflichtend wäre, bei erfolgreich bestandener Fortbildung eine Zulage zu zahlen, würden sowohl Arbeitgeber als auch Erzieherinnen selbst häufig genauer hinschauen, was für eine Fortbildung wirklich gemacht werden muss. Unseriöse Anbieter und unsinnige Themen würden so vielleicht weitgehend vom Plan verschwinden.

Kündigungen: Auch ein heikles Thema, das aber von großer Wichtigkeit ist. Bei Erzieherinnen, die ihren Aufgaben erkennbar über einen längeren Zeitraum nicht vernünftig nachkommen und die durch ihr Verhalten auch das Bild dieser Berufsgruppe in der Öffentlichkeit nachhaltig beschädigen, sollten Abmahnungen und gegebenenfalls Kündigungen eine mögliche Konsequenz sein. Ähnlich müsste das in Fällen gehandhabt werden, in denen einzelne Erzieherinnen aufgrund bestimmter Persönlichkeitsmerkmale trotz mehrerer Wechsel in der Gruppenzusammensetzung von keiner Kollegin akzeptiert werden können.

Weitere Gründe für Kündigungen müssen sein:
- Gewalttätigkeit von Erzieherinnen
- Drogenvertrieb und Drogeneinnahme von Erzieherinnen
- Diebstahl in der Kita
- Mehrmalige unentschuldigte Abwesenheit während der Arbeitszeiten

Darüber hinaus gibt es weitere Verhaltensweisen, die härtere Konsequenzen nach sich ziehen müssten. Während der Gruppenzeiten haben die Erzieherinnen in der Gruppe beim Kind zu sein, alle entsprechenden Tätigkeiten der Organisation, Vor- und Nachbereitung müssen in separaten Zeiten erfolgen. Die direkte und kontinuierliche Arbeit mit den Kindern muss also durch Rahmenbedingungen ermöglicht und dann auch konsequent eingehalten werden. Denn das ist schließlich unsere Kernaufgabe.

Personalkontinuität: Kontinuität aufseiten der Erzieherinnen ist für die Kinder einer der wesentlichen Schlüssel zum Reifenkönnen in der Krippe und Kita. Ständig wechselnde Bezugspersonen verunsichern sie und hemmen sie in ihrer Entwicklung. Im Krippenalter ist es sogar so, dass Trennungstraumata für Entwicklungsblockaden sorgen, deren Auswirkungen den Kindern das ganze Leben schwermachen können. Ein klares Bewusstsein für diese Umstände ist Voraussetzung für den sensiblen Umgang mit dem Thema Bindung und Bezugspersonen.

Daher ist dieser Punkt besonders für die Krippen wichtig. Hier sollte eine kontinuierliche Betreuung der Kinder durch drei bis maximal fünf Kräfte gewährleistet sein.

In den Elementargruppen sollten Fehlzeiten der Erzieherinnen durch maximal zwei bis drei Springer ausgeglichen werden. Für die Dauer der Abwesenheit einer Gruppenerzieherin sollte ein kontinuierlich anwesender Ersatz gefunden werden. Dazu ist es notwendig, dass die Stoßzeiten von 11–16 Uhr großzügig besetzt sind und entsprechend Stellen ausgeschrieben werden. Sonst ist es nämlich so wie bisher, dass alle möglichst früh zu Hause sein wollen und Erzieherinnennenmangel sowie Verletzungen der Aufsichtspflicht in einem direkten Verhältnis zum angesetzten Personalschlüssel stehen.

Erholungszeiten: Die Erholungszeiten für Erzieherinnen müssten ähnlich denen der Lehrer sein, vielleicht sogar etwas länger, da die Tätigkeit der Erzieherin körperlich wesentlich anstrengender ist. In Österreich können Erzieherinnen beispielsweise alle paar Jahre eine dreimonatige Auszeit nehmen, um wieder zu Kräften zu kommen. Ähnliches wäre auch für Deutschland mehr als sinnvoll.

Entweder sollten also die Ferienzeiten für Erzieherinnen mindestens drei Monate im Sommer plus zwei Wochen im Frühjahr und im Herbst betragen oder aber mindestens drei Monate, beliebig über das Jahr verteilt.

Arbeitszeiten: Sinnvolle Arbeitszeiten spielen für eine gute Erzieherinnentätigkeit eine ganz entscheidende Rolle. Eine Erzieherin sollte bei vollständigem Gehalt nicht mehr als sechs Stunden täglich am Kind arbeiten, wie es beispielsweise in Schweden üblich ist. Die restlichen Stunden müssen am Aufwand der Arbeit gemessen und bereitgestellt werden für alles, was über die Arbeit mit den Kindern hinaus anfällt. Und das ist nicht gerade wenig: Fort- und Weiterbildungen, Vor- und Nachbereitungen, Praktikantenbetreuung, Extra-Projekte, Portfolioarbeit, Entwicklungsgespräche, Schulfähigkeitstests und diverse weitere Dinge, die alle in unseren Aufgabenbereich fallen.

Sabbatjahr: Ebenso wie Lehrer sollten Erzieherinnen bei 75-prozentigem Gehaltsbezug die Möglichkeit eines Sabbatjahres in Anspruch nehmen können.

Medikamente: Aufgrund der überdurchschnittlich hohen Anzahl berufsbedingter Erkrankungen sollten alle Medikamente, die direkt in Zusammenhang mit diesen Erkrankungen stehen, vollständig erstattet werden.

Arbeitskleidung: Es sollte eine Arbeitskleidung eingeführt werden beziehungsweise bestimmte Kleidung als Arbeitskleidung anerkannt werden und in einer bestimmten Menge pro Jahr erstattet werden. Der Verbrauch an Kleidung ist alleine durch die häufige Arbeit auf dem Boden enorm, dem sollte Rechnung getragen werden. Dazu gehört auch eine Übernahme der Reinigungskosten für Verunreinigungen, die direkt durch die Tätigkeit in der Krippe oder Kita entstehen. Diese sind erheblich durch die tägliche Verschmutzung mit Körperflüssigkeiten und Essensresten.

Reinigung der Einrichtung: Reinigungspersonal muss in entsprechender Anzahl und mit entsprechendem Stundenaufwand beschäftigt werden, sodass eine wirklich gründliche Reinigung und Desinfektion erfolgen kann. Diese sollte auch alle Stoffartikel beziehungsweise Spielzeuge umfassen, die ein steter Quell von Keimen sind. Die Einrichtung selbst müsste für diese Reinigungstätigkeiten entsprechend ausgestattet sein. Das bedeutet auch, dass nicht die Erzieherinnen für sämtliche Reinigungsbereiche (Flächen, Mobiliar, Spielzeuge, Stofftiere, Wäsche etc.) zuständig sind, sondern separates Reinigungspersonal.

Gesundheitsprävention und Reha: Aufgrund der enormen gesundheitlichen Belastung, die unser Beruf mit sich bringt, sollte eine Erstattung bestimmter Anwendungen erfolgen, die extern in Anspruch genommen werden. Oder es sollte kostenfrei möglich sein, Angebote in oder über die Kita wahrzunehmen: Ausgleichssport, Massagen, Entspannungsangebote, Sauna/ Dampfbäder, Supervision/Coaching und viele andere Dinge. So etwas zu ermöglichen würde vorausschauende Planung bedeuten und wäre eine Abkehr vom heute üblichen Denken, das nicht über den nächsten Tag hinauskommt.

Etat, Standards, Zuständigkeit: Für den gesamten Bereich der Kitas und Krippen muss es einen wesentlich höheren Etat geben als bisher, der bei einheitlichen Standards gleichmäßig über alle Bundesländer und Kommunen besteht. Nur so ist für Familien gewährleistet, dass sie unabhängig vom Wohnort überall mit der gleichen Qualität in diesem Bereich rechnen können.

Familienzentrum: Das ist vielleicht einer der wichtigsten Punkte, die in den nächsten Jahren anzugehen sind. Da wir eine heftige Veränderung der Bedürftigkeit der Kinder haben, muss dem auch mit einer genauso grundlegenden Veränderung in der generellen Kita-Struktur Rechnung getragen werden. Alles, was dieser kleine Forderungskatalog bisher beschrieben hat, könnte sich unter einer komplett neuen Struktur noch viel besser entfalten. Im Grunde heißt das: Kitas neu denken.

Als Vorbild denken wir dabei an die »Early Excellent Centers« in Großbritannien, eine mögliche treffende Bezeichnung hierzulande könnte »Familienzentrum« sein. Dort sollten verpflichtend Elternkurse angeboten werden, die als Voraussetzung dafür gelten, das Kind in die Kita schicken zu können. Zusätzlich könnten auch, je nach Einschätzung der Erzieherinnen, zusätzliche Kurse während der Kita-Zeit »verordnet« werden, wenn sich herausstellt, dass es aufgrund bestimmter Problematiken notwendig ist, den Eltern Hilfe an die Hand zu geben.

In diesen Familienzentren wären dann auch Familien- und Elternberater angesiedelt, darüber hinaus Psychologen für freiwillige und verpflichtende Termine. Schließlich wäre es wünschenswert, wenn alle interdisziplinär arbeitenden Professionen in einem solchen Zentrum vertreten wären. Das betrifft verschiedene Berufssparten: Logopäden, Ergotherapeuten, Physiotherapeuten, durchaus auch Kinderärzte. Eine zentrale Tagesmutter-, Nanny- und Babysittervermittlung wäre ebenfalls eine sinnvolle Ergänzung einer solchen Einrichtung. Vorstellbar auch eine Kleiderkammer für Kinder von einem bis sieben Jahren, am besten in Form einer Tauschbörse.

Es ist natürlich vollkommen klar, dass solche Vorschläge das bisher existierende System komplett auf den Kopf stellen würden. Wir sind auch nicht so blauäugig zu glauben, dass solche grundlegenden Dinge sich von heute auf morgen umsetzen ließen, geschweige denn, dass eine nennenswerte Anzahl von Entscheidungsträgern überhaupt auch nur daran denken würde, in diese Richtung zu gehen. Trotzdem sind ohne provokante Denkanstöße von außen noch nie Veränderungen in Gang gesetzt worden. Es braucht immer diejenigen, die Diskussionen anstoßen, die Richtungen aufzeigen, unabhängig davon, ob man sich dabei auch mal den einen oder anderen Rüffel einfängt.

Vieles scheitert in unserem System am fehlenden Geld. Dabei ist merkwürdigerweise an anderen Stellen dann plötzlich doch Geld vorhanden. Alles eine Frage des jeweiligen Etats oder auch der gesellschaftlichen Diskurse, die gerade en vogue sind. Zwar ist die Diskussion um eine bessere Betreuung und Entwicklungsbegleitung unserer Kinder eine Diskussion, die immer wieder gerne geführt wird und in der sich allerhand vermeintliche Experten hervortun, leider führt das jedoch selten dazu, dass in diesem Bereich plötzlich Gelder freigesetzt werden, die sinnvolle Veränderungen bewirken. Erstaunlich ist allerdings in diesem Zusammenhang, wie viel Geld in den beschriebenen Fort- und Weiterbildungsmarkt investiert wird, der aber bisweilen nur äußerst mäßige Ergebnisse zeitigt.

Elternarbeit – eine wichtige Säule, die ebenfalls Veränderungen braucht

Es wird viel geredet über die sogenannte Erziehungspartnerschaft zwischen Kita und Eltern. Allerdings ist hier ein im Grunde guter Gedanke vollkommen außer Kontrolle geraten. Natürlich ist es enorm wichtig, dass ein ständiger Gedankenaustausch zwischen den beiden »Erziehungsinstanzen« des Kindes besteht, und mit vielen Eltern klappt das auch recht gut. Allerdings hat die Erkenntnis der Bedeutung von Elternzusammenarbeit in einer stetig steigenden Zahl der Fälle dazu geführt, dass Eltern tendenziell machen, was sie wollen, und die Bedürfnisse beziehungsweise die Notwendigkeiten auf Seiten der Kita und der Erzieherinnen dabei vollständig ignorieren.

Doch auch wenn all diese Eltern bestimmte Gründe für ihr Verhalten haben, kann und darf es nicht sein, dass die tägliche Arbeit in der Einrichtung von Elternseite so sehr torpediert wird, dass sie nicht mehr sinnvoll zu leisten ist. Damit Kita-Arbeit erfolgreich geleistet werden kann, müssen grundsätzliche Verabredungen verbindlich eingehalten werden und es muss immer wieder an die Verantwortung der Eltern appelliert werden. Dabei gilt auf allen Ebenen: Kinderschutz vor Elternschutz. Das ist eine scheinbar lapidare Feststellung, die man heute jedoch unbedingt treffen und mit Leben füllen muss, da sie von Elternseite allzu oft ignoriert wird. Auch der Begriff des »Wohls des Kindes« muss in diesem Zusammenhang neu definiert werden.

Zum einen geht es um ganz grundsätzliche Dinge. Damit pädagogische Arbeit wieder wirklich möglich wird, müssen Kinder bis zu einer bestimmten Zeit in der Einrichtung sein. Dann ist die Eingangstür abgeschlossen und wird erst wieder zur frühestmöglichen Abholzeit geöffnet. Eltern nehmen sich heute oft das Recht heraus, die Kita nach (ihrem persönlichen) Bedarf zu konsultieren. Entweder wird das Kind erst mitten am Vormittag gebracht, weil es gerade besser in die Planung passt, oder Mama und Papa stürmen mitten in der Gruppenphase in die Einrichtung, weil es just in diesem Moment gerade gut passen würde, das Kind abzuholen. Beides kann nicht sein und erschwert unsere Arbeit unnötig.

Kranke Kinder gehören nach Hause. Wir haben es in diesem Buch bereits an mehreren Stellen beschrieben, was für Auswüchse in diesem Punkt mittlerweile zu verzeichnen sind. Unbedingt sollten wieder Atteste eingeführt werden, parallel dazu muss die Liste der Krankheiten, bei denen Kinder unbedingt daheimbleiben müssen, dringend erweitert werden. Es sollten verbindliche Genesungszeiten bestehen, damit sichergestellt ist, dass sich das Kind zu Hause auch wirklich erholt und in der Kita keine Ansteckungsgefahr für andere Kinder und das Personal mehr besteht. Bei in der Kita festgestellter Krankheit muss die Pflicht bestehen, das Kind so schnell wie möglich abzuholen. Auch hier ist es für alle Beteiligten unzumutbar, wenn Kinder unnötig lange in krankem Zustand in der Einrichtung verbleiben.

Ein ganz wichtiger Punkt, der immer wieder vernachlässigt wird, sind die Konsequenzen für Eltern. Welche Konsequenzen haben Eltern zu tragen, wenn sie gegen grundlegende Pfeiler der Erziehungspartnerschaft verstoßen? Häufig genug gar keine. So kann es aber nicht funktionieren. Stattdessen müssen Konsequenzen folgen, wenn Eltern sich nicht an die Regeln halten. Wenn sie das Personal beleidigen. Wenn sie nicht zahlen wollen. Dafür gibt es einen Kita-Vertrag, und es sollte nicht schwierig sein, diesen bei wiederholtem Fehlverhalten der Eltern auch fristlos kündigen zu können.

Geht es gar so weit, dass Eltern ihre Kinder wiederholt nicht abholen, vergessen oder über längere Zeit nicht erreichbar sind, sollten auch juristische Folgen möglich sein.

Konsequenzen müssen folgen, wenn Eltern ihren Kindern keine angemessene Kleidung anziehen oder zum Wechseln mitgeben. Wenn Kinder kein Essen mitbekommen oder die Eltern sich vorsätzlich nicht an den Ernährungsplan der Kita halten, also beispielsweise entgegen dem Plan immer wieder Süßigkeiten, Naschkram und süße Getränke einpacken.

Wenn Kinder offensichtlich nicht vernünftig gepflegt sind, also ungewaschen in die Kita, ungewickelt in die Krippe kommen.

Das Jugendamt muss wesentlich früher eingeschaltet werden, damit einige Eltern auch über diesen Weg den notwendigen Druck erfahren, um in ihre Verantwortung gebracht zu werden. Diese Eltern dürfen auf dieser Ebene keine Wahl hinsichtlich der Zusammenarbeit mit dem Jugendamt haben, sondern müssen dazu verpflichtet werden, etwa eine Familienhilfe anzunehmen. Bei fortwährender Weigerung müssen Kinder auch aus der Familie genommen werden können, wenn es zum Wohle des Kindes erforderlich ist.

Wir alle, Erzieherinnen und andere Beteiligte, die mit Kindern arbeiten, müssen uns als Anwälte der Kinder verstehen. Und wenn wir das so sehen, ist es unabdingbar, dass wir auf der ganzen Linie dafür eintreten, dass Kinder ihr Recht auf Ernährung, Hygiene, Gesundheit, Versorgung erhalten.

Verschiedene wichtige Veranstaltungen in der Kita sollten verpflichtend gemacht werden. Solche Veranstaltungen können dann nur ausgelassen werden, wenn das nachvollziehbar entschuldigt ist.

Diese Umkehr in der Elternzusammenarbeit, die vielleicht an der einen oder anderen Stelle in unseren Ausführungen hier sehr hart klingt, ist notwendig, sie könnte aber auch unterstützt werden durch die Angebote eines Familienzentrums, wie wir es beschrieben haben.

Es geht nicht darum, Eltern in die Defensive zu drängen. Im Gegenteil: Den Kindern ist dann am meisten geholfen, wenn Eltern und Kita auf Augenhöhe zusammenarbeiten. Das geht jedoch nur, wenn

Regeln akzeptiert und eingehalten werden und man sich wieder auf die wichtigen Dinge der Elternrolle besinnt.

Denn hier liegt ein echtes Problem der heutigen Zeit: Viele Eltern sind einfach zutiefst verunsichert. Um aus dieser Verunsicherung herauszukommen, wäre ein Familienzentrum, in dem etwa Eltern-Coachings angeboten werden, eine sinnvolle Sache. Eltern könnten dort angeleitet werden, zu ihrem Gefühl und ihrer elterlichen Intuition zurückzufinden. Denn diese Intuition ist es ja gerade, die verloren zu gehen droht und die viele Eltern auch dazu verleitet, kopfgesteuert Dinge zu tun, die bei näherem Hinsehen völlig kontraproduktiv sind. Solche Eltern-Coachings könnten als Kompass gelten, der durch den mittlerweile unüberblickbaren Dschungel an Informationen, pädagogischer Literatur, Veranstaltungen und Diskussionen führt. All diese Dinge sind ja nicht zwangsläufig schlecht, aber es bedarf eines sicheren Standings von Eltern, einer erheblichen Selbstsicherheit, um sich nicht davon verunsichern zu lassen. Darüber hinaus würden verantwortungsvolle und tolle Eltern endlich wieder eine Lobby bekommen. Es gibt sie ja schließlich, diejenigen, die sich an gemeinsame Regeln halten. Die Kinder in die Einrichtung bringen, die uns unsere Arbeit mit Freude verrichten lassen. Leider bekommen diese Eltern heute keinen Raum in der öffentlichen Aufmerksamkeit, weil die kleinen Rotzlöffel mit ihren Latte-Macchiato-Lifestyle-Eltern diese auf sich ziehen und auch erhebliche Energie der Erzieherinnen aufsaugen.

Es müsste mehr Geld für qualifizierte Fachberatungen zur Verfügung gestellt werden, die für »ihre« zugewiesenen Kitas zuständig wären. Die dafür da wären, dass sich die Erzieherinnen in Krisensituationen Hilfe holen könnten. Die Begleitung bieten würden bei der Suche nach einem für die Einrichtung und der Konzeption passenden Qualitätsprogramm und dem Team bei der Erarbeitung unterstützend zur Seite stehen.

Überhaupt wäre eine Beteiligung bei der Wahl eines Qualifizierungsprogramms, das im Wesentlichen auf das Konzept und das Leitbild der jeweiligen Einrichtung zugeschnitten ist, wünschenswert. Ansätze dafür gibt es schon: Leitungskräfte werden eingeladen, sich über die Angebote auf dem Qualifizierungsmarkt zu informieren. Es könnte eine Vorauswahl der am besten passenden Programme getroffen werden, die dann dem Team, dem Träger und den Elternvertretern vorgestellt werden. Nach sorgfältiger Beratung in Anwesenheit der zuständigen Fachberatung könnte dann eine gemeinsame Entscheidung ein großer Schritt in Richtung Partizipation und Erziehungspartnerschaft aller Beteiligten sein.

Leitungskräfte sollten grundsätzlich freigestellt werden. Würde man ihnen in kleinen Einrichtungen (ab zwei Gruppen) Springerstunden geben, hätten sie die Möglichkeit, bei Engpässen einzuspringen, um damit den Kontakt zu allen Kindern und Eltern der Einrichtung gleichermaßen zu pflegen. Läuft der Betrieb normal, könnten sie ihren zahlreichen Verpflichtungen nachkommen, Elterngespräche führen, Teamsitzungen und Veranstaltungen vorbereiten und all das erledigen, was in den letzten Jahren an Aufgaben dazugekommen ist. Die Zerrissenheit dieser Position hätte ein Ende, denn bis heute ist es noch so, dass eine nicht freigestellte Leitung gleichzeitig Gruppenleitung ist. Das führt dazu, dass sie durch unangemeldete Besuche, wichtige Telefonate oder Organisatorisches häufig aus ihrer Kindergruppe raus muss. Das heißt einerseits für die Kollegin der Gruppe, dass sie häufig allein mit den Kindern ist. Und andererseits für die Kinder, dass sie zeitweise auf eine wichtige Bezugsperson verzichten müssen und es dadurch an Kontinuität fehlt. Das führt zu einem ständigen Spagat, alles schaffen zu müssen und auch zu wollen, bei dem sich schon manche Kollegin sinnbildlich die Beine gebrochen hat.

»Wir wären wohl mal gern ...«
Zukunftsingenieurinnen

All die im vorangegangenen Kapitel beschriebenen Dinge sind Wunschvorstellungen, bei denen wir schon zufrieden wären, wenn wenigstens das eine oder andere davon in näherer Zukunft umgesetzt werden könnte. Bis dahin könnte man sich aber doch immerhin schon mal damit beschäftigen, Kindern wieder den Freiraum zu geben, einfach nur sie selbst sein zu dürfen, ohne ständig auf irgendeine Art und Weise funktionieren zu müssen.

In Kitas findet man immer mehr Kinder, die sich nicht mehr alleine beschäftigen können. Spiele wie die wunderbaren »Ich wäre wohl mal gern«-Spiele, werden immer weniger gespielt.

Kindheit ist auch geprägt vom Leben in der sogenannten »magischen Welt«. Wenn sie mit den Worten »Du bist jetzt wohl mal die Katze und ich bin wohl mal die Mutter« spielen, dann ist das für die Kinder die erlebte Realität. Sie sind Katze und Mutter und durchleben dabei traurige, schöne, beängstigende oder fröhliche Gefühle. Durch dieses selbstvergessene Spiel lernen sie viel fürs Leben. Nie wieder werden sie so intensiv spielen und ohne wirkliche Bedrohung verschiedene Situationen durchleben können und damit auch lernen, ihrem Gefühl zu vertrauen.

Nun leben wir aber in einer Zeit, in der die kopflastige Bildung weit vor der Herzensbildung steht. Wir machen aus unseren Kindern den »Klimapolizisten«, den »Mülldedektiv«, den »Umweltexperten«, den »Konfliktlotsen« und stellen schon in der Kindheit Bescheinigungen für die Teilnahme an Projekten aus, statt dem kindlichen Spiel Raum und Zeit zu schenken. Die Parallele in der Erwachsenenwelt scheinen die zahllosen Zertifizierungen zu sein, die Leistung und Wissen bescheinigen sollen.

Früher kam, wenn wir Kinder »Mir ist langweilig!« sagten, von der Erwachsenenseite: »Dann such dir was zum Spielen.« Punkt. Mehr nicht. Wir waren auf uns allein gestellt. Kein Erwachsener, der sich zu uns auf den Fußboden setzte und uns bespielte, weil er daran dachte, dass wir etwas an Bildung verpassen könnten. Vielmehr mussten *wir* uns Gedanken machen, womit wir uns beschäftigen könnten. In Frankreich sagt man: »Das Kind erweckt sich selbst«. Damit ist die intrinsische Motivation gemeint. Die Motivation, die aus dem Menschen selbst erwächst, und auch aus der Langeweile. Man sagt, aus der Langeweile entsteht die Kreativität. Das hört sich gut an!

Und das Beste ist, dass es stimmt. Wir haben mehrfach die spielzeugfreie Kita ausprobiert. In dieser Zeit räumten wir Bausteine, Puppen, Autos, eben alles Spielzeug weg. Bis auf Malpapier, Kleister, Stifte, Werkzeug und so weiter war der Gruppenraum leer. Draußen lockten Büsche und Bäume, zwei große Sandkisten und jede Menge Platz. Zuerst waren die Kinder irritiert. Dann aber fanden sie sich in dieser »Leere« mehr und mehr zurecht. Sie hatten Platz für all ihre Kreativität. Die schönsten Spielsituationen entstanden. Es gab kein Geschrei um den großen Bagger. Die Kinder mussten mit dem »Wenigen« auskommen, was die Einrichtung bot. Und das war ihnen mehr als genug. Es gab umso mehr Raum und Zeit für Rollenspiele und kreative Lösungen. Das Vorhaben hatte so viel Erfolg, dass die Kinder die Zeit ohne Spielzeug von sich aus verlängern wollten.

Gerade für die Kinder, die den ganzen Tag in der Einrichtung sind, war diese Zeit ein ausgesprochener Gewinn. Auf sich selbst reduziert, hatten sie die Möglichkeit, eigene Spielideen zu entwickeln und damit Kontakt zu sich und anderen Menschen zu pflegen.

Wie wäre es denn, wenn wir »wohl mal« wieder versuchen würden, uns darauf zu besinnen, was Kinder wirklich brauchen? Wenn wir »wohl mal« ausprobierten, wie es sich anfühlt, auf unsere Intuition zu hören und nicht die gesamte Zeit der Kinder (und damit auch unsere!) konsequent zu verplanen? Das wäre doch »wohl mal« gar nicht so schlecht. Kinder sind niemals von sich aus Rotzlöffel, Tyrannen oder Monster. Wir machen sie dazu, wenn wir nicht aufhören, endlose Theorien zu schmieden, wie wir das »Produkt« Kind weiter und weiter verbessern können.

Wäre es nicht schön, wenn wir Erwachsenen uns, bei allen Ängsten um die Zukunft unserer Kinder, einen Blick in unsere Kindheit erlauben würden? Wenn wir einmal den kleinen Jungen oder das kleine Mädchen betrachten, die wir waren, und dann den Bogen in die Gegenwart spannen würden? Dann würden wir, möglicherweise mit Erstaunen, feststellen, dass auch aus uns gestandene Menschen geworden sind, die ihr Leben gestalten. Erwachsene sollten Kindern Begleitung, Begrenzung und Orientierung sein, sie sollten sie sich nicht erschaffen, wie sie sie sich wünschen. Wenn wir dahin kämen, wäre bereits viel gewonnen.

Um diesen Schlusssatz zu untermauern, möchten wir am Ende des Buches noch zwei Stellen von Jan-Uwe Rogge aus seinem Buch »Lasst die Kinder träumen« zitieren:

»In der Phantasie, in der Magie, in Tagträumen besitzen Kinder eine eigene Ausdrucksform voller Märchen und geheimnisvoller Geschichten, eine Ausdrucksform, die Erwachsene nur allzu wenig verstehen, weil sie sich nicht darauf einlassen können oder wollen.«

»Nutzt die Kraft kindlicher Kreativität, nutzt das Schöpfungspotenzial, nutzt die Magie als Kompass, unentdeckte Welten zu erkennen.«

ANMERKUNGEN

1) *Ich muss mal!* In: DIE ZEIT Nr. 46/2014
2) Deggerich, Markus: *Klappe halten!* In: DER SPIEGEL 21/2015, S. 44
3) Nieder-Entgelmeier, Carolin: *Mehrere Lehrer aus OWL berichten von Gewalt in der Schule.* In: http://www.nw.de/nachrichten/regionale_politik/20990676_Weitere-Lehrer-aus-OWL-berichten-von-Gewalt-in-der-Schule.html

DANK

Wir bedanken uns bei allen, die zur Entstehung dieses Buches beigetragen haben.

Das sind die vielen Kolleginnen und auch Kollegen (ja, es gibt sie), die das Vertrauen hatten, uns ihre Geschichten zu erzählen und uns immer wieder ermutigt haben, das Gehörte zu Papier zu bringen.

Wir bedanken uns auch bei den Eltern, die in den deutschen Kitas den Erzieherinnen und Erziehern mit Wertschätzung und Respekt vor deren täglicher Arbeit begegnen. Sie sind Motivatoren, die viele, viele Kolleginnen und Kollegen jeden Tag trotz manchmal auch widriger Umstände immer noch mit Freude zur Arbeit gehen lassen.

Und ganz zum Schluss bedanken wir uns natürlich bei den Kita-Kindern, mit denen wir es bis heute zu tun haben und die uns Freude bereiten. Ihr habt uns um viele Erfahrungen reicher gemacht, und wir wünschen euch allen, dass ihr eure Träume möglichst lange bewahren könnt.

Vielen, vielen Dank an euch und Sie alle!